우리가 위그노다

우리가 위그노다

성원용 지음

국민북스

목차

서문 · 6

프롤로그 · 10

위그노 세상을 바꾼 디아스포라

1. 위그노의 시작 프랑스 · 16
2. 한 위그노 이야기 · 30
3. 영국 산업혁명의 기초를 놓다 · 49
4. 독일 부국강병의 원천 62
5. 위그노, 네덜란드를 업그레이드하다 · 74
6. 스위스 시계 산업을 꽃피우다 · 90
7. 미국 건국의 기둥이 되다 · 108
8. 또 다른 위그노들 · 124

낭트 칙령 · 142

퐁텐블로 칙령 · 148

위그노 관련 주요 연표 · 155

서 문

　나는 1996년 3월 24일 프랑스 파리의 샤를 드골 공항에 도착했다. 아무런 계획이나 별다른 준비도 없이 떠밀리듯 선교사가 되어 파리로 온 것이다. 모든 것이 낯설었지만 반갑게 맞아주는 이들이 있어서 큰 힘이 되었다. 그렇게 시작된 프랑스 생활이 어느덧 28년이 흘렀다. 지난 프랑스 생활이 내게 가져다준 커다란 선물은 두 가지였다. 하나는 유럽이 21세기 중요한 선교지라는 현실을 깨달은 것, 그리고 개신교 신앙의 본류인 위그노의 역사를 알게 된 것이다.

　위그노는 16~18세기 프랑스의 개신교도를 일컫는 말이다. 그들은 종교개혁 신앙을 가졌다는 이유로 모진 박해를 받으며 길고 긴 광야를 통과한 사람들이다. "레지스테"(저항하라)!"

위그노의 역사와 정신을 가장 잘 담아내는 단어다. 그들은 양심과 성경이 요구하는 자유를 지키기 위해서 비진리와 불의에 격렬하게 저항했다. 그들은 가톨릭과 국가 권력이 결탁한 암울하고 참혹한 시대에 오직 성경 말씀이 진리임을 선포했다. 불의한 세력의 위협에 굴하거나 타협하지 않고 올곧게 진리의 길을 걸어갔다. 그들은 '오직(Sola) 성경', '오직 믿음', '오직 은혜', '오직 예수 그리스도', '오직 하나님께 영광'이라는 '5대 솔라'의 원리를 붙들고 비본질에 저항했다. 그로 인해 핍박을 당하거나 죽거나 가족을 저버려야 했다. 또한 자신들의 조국 프랑스를 등지고 나그네가 되어 낯선 나라로 떠나 길고도 험난한 광야의 삶을 살아야 했다. 하지만 그들은 자신들을 받아 준 나라와 도시에서 위대한 역사를 일구어냈고, 오늘날 우리 개신교의 전형인 '프로테스탄트'의 모델이 되었다. 디아스포라가 되어 자신이 처한 나라와 지역에서 광야의 삶을 사는 동안 그들은 그 나라와 세계 역사를 변화시키는 주역이 되었다. 박해로 인해 모든 것을 버리고 조국 프랑스를 떠난 디아스포라 위그노들의 삶은 외롭고 고달팠지만, 그들이 가져간 복음과 기술, 지식과 예술은 그들을 영접한 도시와 나라의 역사를 바꾸는 축복의 도구가 되었다. 위그노들은 가는 곳마다 삶으로 믿음을 전염시켰다. 그 어떤 것도 그들을 회유하거나 꺾을 수 없었다. 그들은 '세상이 감당하지 못하는 사람들'이었다.

구약 시대에서부터 신약 시대에 이르기까지, 그리고 오늘날에도 하나님은 디아스포라를 통해 세상을 새롭게 하시고 선교의 사명을 감당케 하신다. 디아스포라를 통해 당신의 나라를 확장해 가시며, 이 땅에 새로운 문명, 새로운 역사를 만들어 가신다. 디아스포라 위그노의 역사는 하나님의 계획에 속한 장엄한 역사다. 나는 디아스포라 위그노를 통해 디아스포라의 사명이 무엇인지를 알게 되었고, 나아가 그들과 믿음을 공유한 나 자신이 21세기 디아스포라 위그노라는 사실도 깨닫게 되었다.

요즘 위그노가 책이나 미디어 등에 간간이 소개되는 걸 볼

때마다 반가움을 금치 못한다. 하지만 여전히 많은 그리스도인이 위그노를 잘 모르고 있다. 이 책 『우리가 위그노다』는 『위그노처럼(위그노에게 배우는 10가지 교훈)』 『위그노처럼(한 달 묵상)』에 이은 필자가 쓴 위그노 시리즈의 세 번째 작품이다. 이 책을 읽어나가노라면 박해 때문에 세계 각지로 흩어져야만 했던 위그노들이 자신을 받아준 나라와 도시를 어떻게 변화시켰는지를 절절하게 깨닫게 될 것이다. 현재 전 세계에 흩어진 한인 디아스포라는 700만 명에 이르며 그 가운데 40%가 그리스도인이다. 한인 디아스포라 역시 위그노들과 마찬가지로 그저 존재하는데 그치지 않고 적극적으로 자신들이 살고 있는 나라를 변화시키고 있다. 이런 사실들을 바탕으로 책을 읽다 보면 새삼 '하나님께서 이 시대의 역사를 새롭게 하는 사명을 가진 21세기의 위그노로 우리를 부르셨구나!'라는 결론에 이르게 될 것이다.

  모쪼록 이 책을 통해 한국의 성도들이 위그노와 그들의 디아스포라 역사를 잘 이해할 뿐만 아니라 우리도 디아스포라 위그노처럼 시대를 거스르는 강력한 믿음으로 세상 나라와 역사를 변화시키는 주역들로 거듭나는 계기가 되기를 소망한다.

2024년 가을, 파리에서
성 원 용

프롤로그

디아스포라, 세상을 새롭게
하시려는 하나님의 계획

DIASPORA

헬라어 디아스포라(διασπορά)는 본래 'δια'(찢어지다 apart)와 'ασπορά'(흩어 버리다 to scatter, 씨앗을 뿌리다 to sow)의 합성어다. 이것은 소극적인 개념으로 '이산(離散) 또는 분산(分散)된 자들'이라는 의미지만, 적극적인 개념으로는 '씨 뿌림을 받은 자들'이라는 뜻이다. 따라서 디아스포라는 '역사의 주관자이신 하나님의 큰 그림에 속한 사람들'이라고 볼 수 있다.

국외로 흩어진 무리를 가리키는 디아스포라의 공식적인 개념은 이스라엘과 유다의 멸망과 더불어 탄생했다. 주전 8세기 후반부터 이스라엘 민족이 팔레스타인 바깥쪽으로 퍼져나가기 시작했다. 북왕국 이스라엘이 주전 722년에 앗시리아에 의해서 멸망하고 남왕국 유다가 주전 587년에 바벨론에 멸망하면서 이스라엘 민족은 자의 반 타의 반 이집트 지역과 바벨론 지역으로 이주하여 생활하게 된다.

페르시아의 고레스 대왕은 신바빌로니아 제국에 승리를 거두고 난 뒤에 느부갓네살에 의해서 끌려온 다양한 민족들을 향해 고국 귀환을 명령했다. 유다가 멸망한 지 70년 만이었다. 이때 유대인 4만 명 정도가 귀환했지만, 그보다 훨씬 많은 유대인은 바벨론 땅에 남았다. 주전 1세기경부터는 해외 이주 생활에 능동적으로 반응하기 시작하여 1세기 말엽에는 시리아, 이집트, 소아시아, 메소포타미아, 그리스, 이탈리아에 많은 유대인 공동체가 생겨났다. 그들은 나라가 망해서 강제로, 때로는 필요를 따라서 스스로 이국 생활을 시작했지만, 거기에는 하나님의 계획이 있었다. 하나님은 이 디아스포라 유대인과 공동체를 통해서 구약성경을 헬라어로 번역하게 하셨고, 초대교회가 세워지며 복음이 이방 땅에 전파되도록 하셨다.

오늘날 고국을 떠나 전 세계에 흩어져 사는 디아스포라, 그중에서 그리스도인 디아스포라의 삶에도 분명한 하나님의 계획이 있다. 고국을 떠난 처음 동기가 무엇이었든지 간에 그들은 단순히 흩어진 이들이 아니라 하나님의 거룩한 계획 가운데 씨 뿌려진 존재들이다. 이것을 자각할 때, 해외 이주자로 사는 삶이 고단한 나그네 생활이 아니라, 가슴 벅찬 사명자로서의 생활로 변화될 수 있는 것이다. 디아스포라 그리스도인들은 하나님 나라의 복음을 위해서 하나님께서 고국에서 뽑아서 해외에 심어 놓으신 놀라운 인생임을 깨닫고 위로부터 주신 사명을 감당하며 살아가야 한다.

디아스포라의 성경적 역사는 아브라함을 향한 부르심으로부터 시작되었다. 어느 날 하나님이 아브라함에게 말씀하셨다.

"여호와께서 아브람에게 이르시되 너는 너의 고향과 친척과 아버지의 집을 떠나 내가 네게 보여 줄 땅으로 가라 내가 너로 큰 민족을 이루고 네게 복을 주어 네 이름을 창대하게 하리니 너는 복이 될지라 너를 축복하는 자에게는 내가 복을 내리고 너를 저주하는 자에게는 내가 저주하리니 땅의 모든 족속이 너로 말미암아 복을 얻을 것이라 하신지라"(창 12:1~3)

이것은 아브라함을 디아스포라의 삶으로 부르신 사건이며, 그에게 하신 디아스포라 언약이다. 이 말씀을 이렇게 풀어 놓을 수 있다. '디아스포라 명령에 순종한 아브라함이 복을 받고,

그를 축복하고 받아들이는 자들도 복을 받고, 종국에는 모든 족속이 받을 것이다.' 성경과 그 이후의 기독교 역사는 이 언약이 이루어져 가는 현장의 기록인 셈이다.

아브라함을 비롯한 야곱, 요셉, 모세, 다윗, 다니엘, 에스겔, 에스더, 느헤미야, 에스라 등 성경의 인물들이 디아스포라의 삶을 경험했거나 디아스포라가 된 삶의 자리에서 하나님의 영광을 드러내고 역사를 변화시킨 주인공들이다. 무엇보다 예수님 역시 하늘나라를 떠나 이 땅에 오신 디아스포라였다. 초대교회의 주역이 되었던 바울, 바나바, 디모데, 누가, 브리스길라와 아굴라 등이 디아스포라 출신이었다. 헤아릴 수 없는 수많은 하나님의 사람들이 디아스포라가 되어 하나님 나라를 확장하고 세상을 바꾸는 일에 쓰임 받았다.

사도행전 2장은 오순절 성령 강림과 최초의 교회인 예루살렘교회의 탄생 기록이다. 사도들을 제외한 대부분 사람이 천하 각국으로부터 온 자들이다. 그들은 바대, 메대, 엘람, 메소포타미아, 유대, 갑바도기아, 본도, 아시아, 브루기아, 밤빌리아, 이집트, 구레네에 가까운 리비아 여러 지방, 로마, 그레데, 아라비아에서 왔다. 당시에 소아시아, 마게도냐, 바벨론, 이집트의 알렉산드리아 등 로마제국 전역에 400만 명의 유대인들이 흩어져 있었다. 그들 중 일부는 유대인의 명절을 지키러 왔다가 초대 교회의 성도가 되기도 했다.

초대 교회 그리스도인들도 대부분 디아스포라가 되었다. 예루살렘 대부흥 이후에 큰 박해가 일어나자 그들은 흩어져야 했다. 그들은 가는 곳마다 복음을 전했고, 복음이 전해진 곳에서는 어김없이 교회가 세워졌다. 그중 안디옥교회는 디아스포라들의 교회였다. 안디옥교회는 바울과 바나바를 선교사로 파송해서 아나톨리아 반도와 유럽에 복음을 전했다. 이렇듯 기독교의 역사는 곧 디아스포라의 역사였다.

가톨릭의 박해로 프랑스를 떠나야 했던 디아스포라 위그노들도 세상을 새롭게 하시려는 하나님의 계획에 속해서 그 사명을 충실하게 감당한 자들이다. 그들은 복음을 들고 흩어졌고, 자신들이 사는 땅에 교회를 세우고, 선진기술로 산업을 일으키고, 높은 지식과 문화를 전해 역사를 바꿔 나가며 유럽의 근대사회를 열었다.

위그노,
세상을 바꾼 디아스포라

1. 위그노의 시작 프랑스

지금은 프랑스가 '톨레랑스의 나라'로 칭송을 받고 있지만 16세기 프랑스는 가톨릭 절대주의 왕정 체제였다. 그들은 자신들과 다른 종교와 사상들은 철저하게 탄압했다. 특히 이제 막 싹이 트고 있던 종교개혁 사상과 그 뜻을 이어받은 위그노에 대한 박해는 중세시대에 자행되었던 마녀사냥을 방불케 했다. 그들에게 종교개혁과 그 사상을 따르는 위그노는 '위험한 이단'이자 '사람이 아닌 짐승'에 불과했다. 마구 짓밟고 죽이는 것이 하나님의 영광과 진리를 위한 일이라고 생각할 정도였다.

1517년 10월 31일, 마르틴 루터는 비텐베르크 성당 북문에 가톨릭의 면죄부 판매 등에 대한 95개 조 반박문을 게재해 종교개혁의 신호탄을 쏘아 올렸다. 이 종교개혁의 열기는 온 유럽으로 순식간에 퍼져나갔다. 당시 독일의 문맹률이 95%인 상황임에도 종교개혁이 급속히 확산했다는 것은, 그만큼 당시 가톨릭교회의 부패가 만연했고 그에 대해 유럽인들이 염증을 느끼고 있었다는 방증이다.

종교개혁의 물결은 가톨릭의 나라 프랑스로도 흘러들어 왔다. 프랑스 종교개혁은 1520년 인문주의자들의 교회 갱신 운동으로부터 시작되었다. 에라스무스, 자크 르페브르 데타플, 기욤 브리소네, 기욤 파렐 등이 대표적인 인물이다. 하지만 프랑스는 종교개혁 세력을 강력하게 탄압하면서 이 도도한 물결을 거스르려 했다. 1523년 8월에 루터주의자 장 발리에르가 혀를 잘리고 사형대에 철사줄로 묶인 채 화형을 당했다. 그는 프랑스 프로테스탄트의 첫 순교자가 되었다. 1525년에는 장 르클레르가 뒤를 이어 순교자가 되었다.

장 칼뱅은 '세네카의 관용론 주석'을 출판하며 인문주의자로서 사회적 역할을 하려고 했지만 성공적이지 못했다. 그는 오를레앙에서 학업을 하는 동안에 볼마르 교수 등으로부터 영향을 받아 루터의 종교개혁 사상으로 프랑스를 바꾸려 했다. 하지만 그의 꿈과 의지는 싹이 채 자라기도 전에 잘리고 말았다. 1533년 11월 1일 만성절, 칼뱅은 파리대학 학장으로 부임한 친구 니콜라 콥의 부탁으로 취임사를 대신 작성했다. 취임사는 칼뱅 자신의 고유한 신학 사상, 루터와 에라스무스 등 당시 개혁가들의 사상을 토대로 한, 지금으로 치면 너무나 상식적이고 복음적인 진리를 주 내용으로 한 것이었다.

"하나님께서는 그의 말씀을 통하여 우리들의 마음속에 신앙과 사랑과 희망을 일깨워 주십니다. 하나님께서는 우리를 은총으로 인도하시고 이끌어 주십니다. 그뿐만 아니라 하나님께서는 우리의 마음을 열어 주시고 복음을 믿게 하시며…."

파리 라틴가에 있던 마튀랭 수도원에서 그의 취임사가 발표되자 파리 의회가 발칵 뒤집혔다. 그것은 그의 연설에 언급된 하나님의 말씀, 은총, 복음이라는 단어가 당시 종교개혁 사상을 대변하고 있다는 것이었다. 의회를 비롯해 가톨릭 지도층은 이 사건을 구교에 대한 신교의 선전포고로 여겼다. 두 달에 걸친 조사 끝에 파리 의회는 이 연설문의 저자를 이단으로 규정했다. 국왕 프랑수아 1세는 니콜라 콥을 비롯한 위그노들을 '저주받은 루터 이단'으로 규정하고 본격적인 박해에 나섰다. 두 젊은 지성이 시대를 거스르는 큰 사고를 치고 만 것이다. 당시 칼뱅의 나이는 24세에 불과했다. 이들에 대한 체포 명령이 떨어지자, 니콜라 콥은 파리를 탈출했고, 덩달아 칼뱅도 도망자 신세가 됐다. 칼뱅은 가명을 쓴 채 이곳저곳 전전했고 프랑수아 1세의 누이가 마련한 인문주의자들의 은신처인 네락에서 『기독교강요』를 구상하기 시작했다. 프랑스의 국왕을 비롯해 가톨릭 세력이 종교개혁 사상에 대해 가진 오해와 무지를 깨우치고, 핍박받는 조국 프랑스의 개신교인들을 위로하기 위한 것이었다. 칼뱅은 2년 동안 프랑스에서 도피행각을 벌이다가 결국 스위스 바젤로 떠나야 했다. 이렇게 해서 장 칼뱅의 종교개혁자로서의 디아스포라 생활이 시작되었다.

벽보 사건과 개신교 탄압

1534년 10월 파리 시내 곳곳엔 가톨릭의 반성경적인 성례전과 교황권의 문제를 비난하는 벽보가 나붙었다. 이를 계기로 프랑스 정부와 로마 가톨릭은 위그노들을 학살하기 시작했다. 1536년 칼뱅은 망명지인 스위스 바젤에서 마침내 『기독교강요』를 완성한다. 칼뱅은 프랑스 국왕인 프랑수아 1세에게 보낸 『기독교강요』 헌사에서 다음과 같이 호소한다.

"참된 교회란 하나님 한 분과 주 그리스도를 섬기며 경배하는 곳입니다. 교회의 표지는 말씀의 순전한 선포와 성례의 적법한 시행에 있습니다. 또 종교개혁 교리가 평지풍파를 일으

컸다고 하는데 사실은 종교개혁자들이 잠들어 있는 교회를 깨운 것입니다. 왕이시여! 그릇된 비난을 조심하시고 무죄한 복음주의자들이 선처를 받을 수 있도록 해주십시오."

이 헌사 때문이었을까. 프랑수아 1세는 자신의 재임 기간 위그노에게 비교적 관대한 정책을 폈다. 프랑스에서는 위그노의 숫자도 늘어나기 시작했다.

칼뱅의 『기독교강요』는 1536년 라틴어판에 이어 1541년 프랑스어판으로도 출간됐다. 칼뱅의 주장은 교육받은 프랑스인들에게 급속히 퍼져나갔다. 풍부한 인문학적 배경과 논리적이면서도 성경에 근거한 그의 주장은 프랑스의 엘리트 계층, 상인, 군 장교들에게 특히 호평을 얻었다. 프랑스에서 점점 칼뱅의 주장을 받아들이는 개신교인들이 늘어나자 이들에 대한 호칭인 '위그노'가 공식 채택되고, 위그노 교회도 세워졌다. '바시(Vassy)의 학살'이 일어나던 해인 1562년까지 프랑스에는 2,000개 이상의 위그노 교회, 200만 명의 위그노가 있었을 정도로 세력이 확산하였다.

1559년 5월 프랑스 사상 최초의 개혁교회 총회가 열리고, 2년 뒤인 1561년에는 가톨릭과 개혁교회의 화해를 위해서 섭정 왕후 카트린 드 메디치가 주선한 푸아시 회담(Colloquy of Poissy)도 개최되었다. 하지만 1562년 벌어진 바시의 학살 사건으로 가톨릭과 프로테스탄트 사이엔 전쟁의 시작되고 말았다. 3월 1일, 파리 근교 바시의 한 성벽 밖 헛간에서 위그노 300여 명이 예배를 드리고 있었다. 그곳을 기즈의 공작 프랑수아가 지휘하는 군대가 급습해 60명의 위그노가 죽고 100명이 부상당했다. 프랑수아는 자신이 공격을 명령한 게 아니라 위그노가 먼저 군대에 돌을 던진 것에 대한 대응이었다고 주장했다. 이 사건은 가톨릭과 개신교 진영의 격한 대립을 불러왔다. 결국 '위그노 전쟁'이라고 불리는 종교전쟁에 불을 당기고 말았다. 서로를 향한 크고 작은 공격은 무려 1598년까지 36년간이나 이어졌다. 이 기간에 두 진영 간의 큰 전투는 8차례나 이어지면서 국가와 국민의 삶은 피폐해졌다.

1572년 8월 22일, 이날은 파리에서 위그노의 수장인 부르봉 왕가의 앙리 4세와 발로와 왕가의 카트린 드 메디치의 딸 마르고의 결혼식이 성대하게 열리는 날이었다. 가톨릭과 위그노의 화해를 위한 이 결혼식을 축하하기 위해 전국에서 위그노들이 모였다. 하지만 이 혼인은 화해가 아닌 파리와 프랑스를 피로 물들인 비극이 되고 말았다. 프랑스 왕 샤를 9세의 어머니이자 섭정인 카트린 드 메디치는 결혼식을 이용해 하객으로 초청받은 위그노들을 일망타진할 음모를 꾸몄다. 이를 위해 위그노들이 샤를 9세를 암살하고 앙리 4세를 왕으로 세우려 한다는 거짓 혐의도 만들었다. 이 사실을 모르는 위그노들은 밤이 깊도록 파리 시내를 돌아다니며 춤추고 노래하며 피로연을 즐겼다. 그들은 '이제 위그노의 시대가 열렸다'라고 굳게 믿고 즐거워했으나 그것은 커다란 착각이었다.

8월 24일 새벽 3시, 현재 루브르박물관이 자리 잡은 곳 바로 뒤편의 생제르맹 오세르(Saint Germain Auxerre)성당의 괘종이 '뎅뎅뎅' 울렸다. 갑자기 완전무장을 한 가톨릭 군인들이 일제히 거리로 쏟아져 나왔다. 이들은 가장 먼저, 위그노의 지도자이자 샤를 9세 왕의 참모인 콜리니 제독을 죽여 그의 시신을 창밖으로 내던졌다. 이를 시작으로 파리에 모인 위그노를 잔인하게 학살했다. 이 학살극은 파리에서만 그치지 않았다. 9월에는 오를레앙, 모, 부르주, 알비, 루앙, 10월에는 툴루즈, 가이약, 보르도 등 전국으로 확산해 갔다. 파리에서만 3,000여 명, 전국적으로 3만 명 이상의 위그노들이 학살을 당했다. 이것은 '성 바돌로매 축일의 대학살'이라는 이름으로 어두운 역사의 한 페이지를 장식하고 있다. 열두 사도의 한 사람인 바돌로매 사도의 순교 정신을 기리는 날이 수많은 위그노의 순교날로 바뀌어버린 것이다.

파리에서의 대학살은 유럽 전체를 공포의 도가니에 빠뜨렸다. 반면, 로마 가톨릭은 이날을 '승리의 날'로 선포했다. 교황

그레고리오 8세는 '위그노 학살'(Ugonottorum Strages 1572)이라는 문구를 새긴 승리 메달과 기념주화를 주조했고, 화가 조르지오 바사리에게 이 대학살의 기념화를 그리도록 했다. 이 그림은 현재 로마 바티칸에 프레스코화로 남아 있다. 대학살이 일어난 지 425년 만인 1997년 8월 24일, 교황 요한 바오로 2세가 파리에서 열린 세계 가톨릭 청년대회 미사를 집전하면서 이 일에 대한 자신들의 잘못을 고백했지만 끔찍했던 역사의 비극을 말끔히 씻을 수는 없는 일이었다.

36년 위그노 전쟁의 마침표 '낭트 칙령'

1589년 8월 부르봉 왕가의 앙리 4세가 프랑스 왕으로 등극했다. 조용히 숨죽여 살던 위그노들은 "마침내 어둠이 끝났다"라며 만세를 불렀다. 하지만 앙리 4세는 대놓고 위그노들을 지지할 수 없었다. 섭정이었던 카트린이 살아 있고, 수많은 참모, 종교 지도자들이 모두 가톨릭이었기 때문이다. 앙리 4세는 1593년 7월 25일 가톨릭으로의 개종을 단행했다. 자신의 왕 등극을 계기로 구교와 신교의 대립을 끝내고 안정된 통치를 위해서였다. 하지만 그의 행동은 위그노에겐 배신을, 가톨릭에겐 의구심을 주는 것이었다.

앙리 4세는 신·구교 화합을 위한 자신의 신념을 행동에 옮겼다. 1598년 4월 13일, 낭트 칙령을 발표했다. 파리를 제외한 다른 지역에서 개신교 예배가 허용되었다. 위그노를 탄압하던 법률은 폐지되었다. 36년 동안 이어진 구교와 신교 간의 위그노 전쟁은 끝이 났다. 하지만 낭트 칙령 선포 직후 "세상에서 가장 사악한 것"이라는 교황 클레멘스 8세의 비난에서 볼 수 있듯이 전쟁은 끝난 게 아니라 잠시 수면 아래로 가라앉은 것일 뿐이었다.

앙리 4세가 1610년 5월 14일, 벌건 대낮에 파리 한복판에서 가톨릭 광신도 프랑수아 라바이약에게 암살을 당하는 비극적인 사건이 벌어졌다. 가톨릭의 도시인 파리에서는 위그노와 관련된 것이면 국왕조차도 안전하지 못하다는 걸 보여주는 상징적인 사건이었다. 위그노를 보호해 주던 수장이 사라지자 프랑스의 분위기도 확 바뀌었다. 가톨릭과 위그노는 다시 긴장과 대결 상태로 빠져들었다.

1610년 루이 13세가 8세의 나이에 프랑스와 나바르의 왕이 되어 33년간 통치했다. 그는 절대왕정을 추구하며 방해 요소를 제거하기 시작했다. 그는 리슐리외를 재상으로 세우고 앙리 4세의 뒤를 이어 왕이 되어 국정에 개입하는 자신의 모친

마리 드 메디치를 "나는 어머니보다 나의 나라에 더 애착을 느낀다"라고 하며 브뤼셀로 유배시켰다. 당연히 그에겐 위그노 세력도 성가신 존재였다. 1627년에 그는 가톨릭 세력과 함께 위그노의 중심 도시였던 라로셸 공격을 시작으로 1628년에 그곳을 점령하고 초토화시켰다. 이 전투는 알렉상드르 뒤마의 소설 '삼총사'의 배경이 되었다.

1643년 루이 14세가 즉위하면서 '반(反) 위그노' 정서는 더욱 거세졌다. 1648년 유럽에서는 베스트팔렌 조약이 체결되면서 구교와 신교는 공식적으로 서로를 인정하게 되었다. 하지만 프랑스만은 예외였다. 루이 14세는 귀족 세력이 왕권에 도전해서 일어난 프롱드의 난(1648~1653)을 계기로 강력한 중앙집권을 구축해 나갔다. 프랑스 왕국에는 '하나의 신앙, 하나의 법, 하나의 왕'이 있을 뿐이라는 입장을 표방하면서 위그노의 설 자리도 점점 사라져갔다. 위그노는 학교나 병원, 공무직에서 배제되었다. 점점 예배도 드릴 수 없을 정도로 억압적인 분위기가 프랑스를 뒤덮었다.

위그노를 프랑스에서 국외로 밀어낸 루이 14세의 퐁텐블로 칙령

루이 14세는 마침내 최후의 칼을 뽑아 들었다. 1685년 10월 22일 퐁텐블로 칙령을 발표한 것이다. 이는 87년 전 할아버지 앙리 4세가 선포했던 낭트 칙령을 폐기하는 것이었다. 11개 항목으로 이루어진 칙령은 개신교 예배를 전면 금지했고, 개신교 목사들에게 15일 이내에 개종하거나 프랑스를 떠날 것을 명령했다. 또한 위그노의 가톨릭 예배 참석을 의무화했고, 이들이 프랑스를 떠나는 것을 금지했다. 위그노 자녀들에겐 의무적으로 가톨릭 세례와 가톨릭 교육을 받게 했다.

퐁텐블로 칙령 이후 프랑스는 이제 위그노를 아예 박멸하려 했다. 위그노들은 신앙을 지키기 위해 목숨을 걸어야 했다. 그중에서도 마리 뒤랑이라는 여성은 19세의 나이에 체포돼 무려 38년 동안이나 감옥에 갇혀 지냈다. 하지만 그곳에서도 자신이 참되다고 믿는 개신교 신앙을 위해 절개를 굽히지 않았다. 그녀는 콩스탕스 감옥 물긷는 구멍 주위에 '저항하라'라는 뜻의 'Résister(레지스테)'란 글자를 새겼다. 비진리에 저항하고, 양심의 자유를 지키기 위해 저항하고, 복음을 위해 저항하라는 뜻이다. 뒤랑은 그 글을 새기면서, 또 새겨진 글을 바라보면서 고통스러운 삶과 가톨릭의 회유 앞에서 흔들리는 자신을 다시 세우고 방황하는 동료들의 마음을 붙들었다. 그녀가 돌에 새긴 '레지스테'는 이후 프랑스 개신교인들의 심장에 새겨졌다. 그것은 개신교 신자들의 좌우명과 정체성이 되었다.

프랑스에 남아 죽음을 맞닥뜨려야 했던 이들 못지않게 프랑스를 떠날 수밖에 없는 이들의 운명 또한 기구했다. 루이 14세가 낭트 칙령을 폐지한 퐁텐블로 칙령을 선포한 1685년은 위그노에겐 저주받은 해였다. 1572년 8월에 벌어진 성 바돌로메 축일 대학살과 더불어 낭트 칙령의 폐지는 위그노에게 엄청난 타격을 주었고 그들을 자신들의 본토 친척 아비의 집을 떠나 물설고 낯선 타향살이로 대거 내몰았다.

루이 14세의 위그노들에 대한 대대적인 박해로 부모를 모두 잃고 타국으로 떠나야만 했던 어느 아이들의 비극적인 이야기가 있다. 그들의 부모가 위그노라는 이유로 하루아침에 고아가 된 11명의 어린아이는 아버지가 감금되어 처형을 기다리고 있던 감옥 성벽의 주위를 배회했다. 그들은 프랑스 남부 몽펠리에의 북쪽 셍 이폴리트 뒤 포르(Saint-Hippolyte-du-Fort) 지역 출신이었다. 그들은 모든 권리를 박탈당했다. 당시 장녀 앙투안느는 18세였다. 집은 왕의 군대가 쳐들어와 약탈을 당했고, 어머니는 아이들의 눈앞에서 학살되고 말았다. 고통과 슬

품, 그리고 배고픔으로 죽을 지경이 된 아이들은 갈 곳을 몰라 감옥의 성벽 아래서 잠을 자야 했다. 감옥에 갇힌 아버지는 어둠 속에서 속삭이듯 들려오는 소리가 자신의 가여운 아이들의 것임을 본능적으로 알아차렸다. 그의 가슴은 찢어지는 듯했다. 그는 자신의 신앙을 지켰지만, 그로 인해 사랑하는 가족, 재산은 모두 잃어야만 했다. '아이들까지 희생시켜야 할까?' 그는 슬픔과 괴로움으로 번민의 밤을 지새웠다. 그의 고통스러운 영혼은 탄식하듯 이렇게 기도할 수밖에 없었다. "주님이시여, 저는 당신을 위해서 모든 걸 버렸습니다. 그러니 제 아이들은 불쌍히 여겨 주시고 지켜 주십시오."

다음 날 동틀 무렵, 감옥 담벼락 밑에서 아직 잠자고 있는 아이들 옆에 어떤 물건이 떨어졌다. 아이들은 깜짝 놀라며 그것을 주워들었다. 그것은 손수건에 싸인 돈과 기와 조각이었다. 기와 조각에 적힌 몇 개의 단어는 다음과 같은 뜻이었다. '

나의 자녀들아, 북극성의 방향을 따라서 프랑스를 떠나거라. 주님께서 너희들을 인도하실 것이다. 그분이 너희 조상 아브라함을 인도하셨듯이.'

그들은 순교자가 될 아버지에게 마지막 인사를 드린 후 그의 말에 순종해서 길을 떠났다.

4개월 후, 프랑크푸르트의 경비병이 야간 순찰 도중 도로 구석에 잠들어 있는 가여운 11명의 아이를 발견했다. 많은 주민이 그들에게 거처를 제공했다. 그러나 아이들은 그들에게 짐이 되지 않기 위해 자신들의 아버지가 했던 것처럼 궂은일들을 마다하지 않고 부지런히 일했다. 그렇게 해서 장녀인 앙투안느는 그 도시에서 마리아라는 별명을 얻었다. 11명의 자녀는 모두 생존했고 훌륭하게 성장했다. 끝까지 신앙을 지키며 자신의 아이들을 위해서 피를 토하듯 기도했던 앙투안느와 그 남매들의 아버지인 어느 위그노의 소원을 하나님이 들어주신 것이다.

프랑스를 떠나야 했던 위그노들은 앙투안느 남매들과 비슷한 사연을 안고 독일, 네덜란드, 잉글랜드, 스위스, 스칸디나비아, 러시아, 그리고 멀리 남아프리카공화국과 아메리카 대륙 등으로 흩어졌다. 그들은 그곳에서 디아스포라 위그노가 되었다.

2. 한 위그노 이야기

과학자 드니 파팽(Denis Papin, 1647~1713). 그의 이름을 기억하는 사람은 많지 않다. 만약에 그가 이 나라 저 나라로 떠돌아야 했던 유랑자 위그노가 아니었더라면 오늘날 그의 이름은 아이작 뉴턴이나 로버트 보일에 버금가는 위대한 과학자들의 반열에 올라 있었을 것이다.

드니 파팽은 프랑스 중부 시트네(Chitenay) 태생의 물리학자이자 수학자, 발명가다. 아버지는 왕의 자문관이자 세금 징수관이었고, 어머니는 약사였다. 그의 집안은 위그노였다. 그는 6세 때부터 의사인 삼촌한테서 양육을 받고 세례까지 받았다. 삼촌이 있던 프랑스 중서부의 루아르강 주변 도시 소뮈르는 블로아에서 서쪽으로 100㎞ 정도 떨어진 곳이다. 그가 언제 소뮈르로 갔는지는 정확하지 않지만, 파팽은 6세까지 소뮈르의 삼촌 밑에서 자랐다.

그가 10대가 되었을 때 농촌지역과 주민들의 삶은 황폐해졌다. 그것은 기근과 전쟁 때문이었다. 특히 1618~1648년 독일을 무대로 구교와 개신교 사이에서 벌어진 종교전쟁(30년 전쟁)의 후유증은 심각했다. 이런 상황을 접하면서 그는 예수님의 가르침대로 가난한 사람들을 돕고자 하는 열망에 사로잡혔다. 가난한 이들을 위한 과학자가 되어 그들을 돕는 게 그의 꿈이 되었다. 그는 어려서부터 수학을 좋아했지만, 삼촌과 할아버지의 권유를 따라 의사로 진로를 정했다. 앙제대학 의학부에서 8년을 공부했다. 하지만 의사가 되기 위한 의학 시험 비용이 만만치 않았다. 가난하지 않은 집안이었음에도 그 비용은 큰 부담이었다. 파팽은 나중에 지역 의사가 되어서 그 비용을 갚아 나가야만 했다. 그는 어른들의 권유를 따라 걷고 있는 의사의 길이 자신이 어려서부터 좋아하던 수학과 기술을 결코 대신할 수 없음을 깨달았다. 파팽은 자신의 꿈과 비전을 좇기로 했고, 그것을 위해서 파리로 갔다. 그때가 1670년, 그의 나이 23세였다. 하지만 꿈은 꿈이고 현실은 현실이었다. 팍팍한 현실에서 자신의 꿈을 이루기 위해 그는 여전히 의사로 일하면서 생계를 유지해야만 했다.

의사로 일하는 중에도 그는 부단히 수학에 참여할 수 있는 길을 찾았다. 파팽은 루이 14세 당시 재무부 장관이자 강력한 실세였던 콜베르의 부인 마리 샤론을 찾아갔다. 샤론과 파팽 가족 모두 블로아 출신으로 구면이었기 때문이다. 콜베르는 1666년 12월부터 파리의 왕립도서관에서 작은 학자 그룹을 조직해서 모임을 하고 있었다. 이것이 프랑스의 과학한림원(Académie des sciences)의 시작이었다. 1699년에 루이 14세가 왕립 과학한림원으로 법령을 만들어 공식화했다. 이것은 영국의 왕립학회와 더불어 17, 18세기 유럽의 과학발전을 이끌었다. 당시 중상주의자로 프랑스 산업을 일으켰던 콜베르는 루이 14세의 위그노 탄압이 프랑스 산업에 타격이 될 거라고 하면서 제동을 걸었던 인물이기도 하다. 그는 종교적 이유 때문이 아니라 프랑스의 산업을 위해 위그노 탄압을 멈출 것을 요청했다. 하지만 불행하게도 그의 요청은 받아들여지지 않았고, 수많은 위그노가 프랑스를 떠나야 했다. 그리고 그의 예견대로 프랑스는 쇠퇴의 길을 걸을 수밖에 없었고, 이는 루이 16세 시대에 프랑스 대혁명이 발발하는 원인의 하나가 되었다. 불행히도 그의 우려가 현실이 되고 만 것이다.

역사적으로 보면, 이주나 난민은 전쟁이나 사회 불안으로 인한 빈곤, 기근, 실업과 같은 경제적 문제가 배경이 되어 발생한다. 그리고 이주민 대부분은 교육과 기술 수준이 낮은 게 일반적이다. 보통은 후진국에서 선진국으로 이주한다. 하지만 위그노의 이주는 달랐다. 그들은 교육 수준이 높았고, 직업적으로도 상공업자와 기술자가 많았다. 프랑스는 당대 최고의 강대국이었고 기술과 문화에서 앞서가는 나라였다. 따라서 위그노의 해외 이주는 프랑스 편에서는 심각한 '두뇌 유출' 내지 '국부 유출'을 의미하는 것이었다. 반면, 이들을 받아들인 나라는 발전을 보장받는 것이나 다름없었다. 실제 위그노가 들어간 나라는 비단 제조, 보석 가공, 시계 제조, 가구 제작 등 새로운 산업의 부흥을 경험했다. 그렇지 않아도 프랑스는 국제무역에 있어서 네덜란드와 영국에 뒤처진 상태였는데, 숙련기술과 전문지식을 갖춘 위그노들이 경쟁국들로 흘러갔으니 국가가 입을 타격은 두말할 나위 없었다. 프랑스의 산업 경쟁력은 갈수록 떨어져 갔고, 국가재정은 더욱 궁핍해져 갔다. 이런 경제 상황은 훗날 프랑스대혁명을 자초하는 계기가 되었다.

파리에서 호이겐스의 조수가 되다

수학자이자 천문학자였던 네덜란드의 크리스티안 호이겐스

는 파리에 와서 일해줄 것을 요청받고 있었다. 호이겐스는 당시 유럽에서 명성이 자자한 과학자였다. 그는 네덜란드 헤이그에서 태어나 라이덴대학을 졸업한 뒤 영국·프랑스·독일 등지에서 수학했다. 1655년 형 콘스탄틴과 함께 굴절 망원경을 제작해 토성의 고리와 위성을 관측했다. 역학 부문에서도 탄성체의 충돌 문제, 진자운동을 연구해 운동량보존법칙, 에너지보존법칙을 완성해 갔다. 그는 영국의 뉴턴보다 앞서 역학의 기초를 세우는 데 공헌했다는 평을 받는다.

호이겐스는 1666년 프랑스 과학아카데미가 창립되자 파리의 초청을 받아 최초의 외국인 회원이 된 후 1681년까지 중심적 인물로 활약했다. 그는 지병으로 더는 직위를 유지하기가 힘들어졌다. 조수를 구해야 했고, 마침내 파팽에게 그 역할이 부여되었다.

파팽은 프랑스 과학아카데미의 초기 학자들 모임에 참여하면서 호이겐스를 만났다. 호이겐스는 파팽을 자신의 휘하에 두었으나 재정적으로 뒷받침할 수는 없었다. 그래서 새로운 발명품인 공기(증기) 펌프 제작을 도울 수 있게 했다. 파팽은 호이겐스를 도와 1671년부터 3년 동안 공기 펌프 실험을 했다. 이 기간 파팽은 파리의 왕립도서관에 있는 호이겐스의 아파트에서 같이 살았다. 호이겐스 역시 당시 네덜란드에서 들불처럼 번지고 있던 종교개혁의 영향을 받은 개신교도였다. 두 사람은 신앙적으로나 연구 방향에 있어서 마음이 잘 맞았다. 파팽은 자신이 기도하고 꿈꿔왔던 것이 곧 이루어질 거라 믿었다.

하지만 불행히도 두 사람의 협업은 길지 못했다. 1675년, 호이겐스는 병으로 인해 헤이그로 떠났고, 파팽도 파리를 떠나야 했다. 파팽이 파리를 떠난 이유는 명확하지 않지만 아마도 일자리를 찾기 위해서였던 걸로 보인다. 그는 프랑스에서 새로운 일자리를 찾아 고군분투했지만, 그것은 하늘에서 별을 따기처럼 어려운 일이었던 것이다. 당시 위그노라고 하는 것은 마치 주홍글씨처럼 프랑스에서 모든 취업과 출세가 막힌다는 걸 의미했다.

1670년대의 프랑스는 위그노들에겐 그야말로 폭풍전야 같던 시대였다. 위기와 압박을 견디다 못한 위그노들은 속속 프랑스를 떠나고 있었다. 그들 중에는 파팽 같은 이들이 많았다. 그때로부터 70년 전, 프랑스는 오랜 전쟁을 끝내고 모처럼 평화를 맞았었다. 위그노로서 천신만고 끝에 프랑스의 왕이 된 앙리 4세는 프랑스의 통합을 위해 가톨릭으로의 개종을 선택했다. 그리고 1598년 4월 13일, 프랑스 서부의 항구 도시 낭트에서 역사적인 칙령을 발표했다. 종교갈등으로 피비린내가 진동하던 프랑스에 따뜻한 봄날이 찾아온 것이다. 왕의 칙령으로 지난 수십 년간 이어졌던 개신교에 대한 가톨릭의 탄압과 이에 따른 종교갈등은 끝이 났다. 칙령에 따라 이제 위그노들은 파리를 제외한 어디서나 예배를 드릴 수 있게 되었다. 취업의 문도 활짝 열렸다. 그동안 위그노들에겐 공직이나 주요 직업은 금기의 영역이었다. 이제 왕에게 직접 불만을 호소할 수도 있었다. 위그노도 똑같은 프랑스 시민으로 인정받게 된 것이다. 그동안 위그노는 가톨릭 국가 프랑스에서 시민이 아닌 이교도, 짐승, 야만인과 같은 취급을 받아 왔다. 그런 위그노에게 자유와 해방의 계절이 임한 것이다. 낭트 칙령은 30년 넘게 이어온 프랑스의 가톨릭과 위그노의 피비린내 나는 전쟁의 종식을 알리는 것이었다.

루이 14세의 철권통치, 파리를 떠나다

프랑스의 봄날은 그리 길지 못했다. 1643년, 앙리 4세의 손자 루이 14세가 왕이 되면서 프랑스 사회는 돌이킬 수 없는 강을 건너고 말았다. 그는 '태양왕', '짐이 곧 국가다'는 말로 프랑스를 공포의 도가니로 몰아갔다. 태양왕은 매일 태양을 바라

보듯 프랑스의 온 국민이 자신을 경배하라는 의미였다. 태양이 온 땅을 비추듯 왕 자신이 백성들 한 사람 한 사람을 언제나 내려다본다는 것이다. 이것은 왕이 백성을 돌본다는 게 아닌 감시한다는 뜻이다. 그는 통치의 걸림돌이었던 귀족들의 힘을 빼앗아 중앙집권화를 달성한다. 그는 하나의 신앙으로 프랑스를 통일해야 한다고 믿었다. 이러한 자신의 통치는 곧 하나님이 원하시는 바라고 생각했다. 따라서 위그노를 없애고, 축출하는 것 역시 하나님의 뜻이라고 굳게 믿었다. 그의 왜곡된 신앙적 자기 확신과 최고 권력을 향한 탐욕은 앞으로 일어나게 될 끔찍한 비극을 예고하고 있었다. 이미 1670년대를 지나면서 위그노는 학교나 의사직, 공무직에서 배제되면서 점점 설 자리를 잃어가고 있었다. 가톨릭 사제들은 위그노 공동체에 파견되어 설교하거나 위그노들의 회심을 시도했다. 위그노 가정엔 강제 개종을 위해 용기병이라는 군인들이 파견되었다. 이들로 인한 온갖 폭력은 일상으로 자리를 잡았다.

당시 유럽은 30년간의 피비린내 나는 종교전쟁이 1648년 베스트팔렌 조약으로 마무리되고 난 뒤였다. 이 조약으로 가톨릭이 '이단아'라고 부르던 루터파, 칼뱅파도 모두 유럽에서 공인되었다. 하지만 프랑스에서만은 그렇질 않았다. 1670년대를 살았던 프랑스의 개신교인들은 '프랑스에 남아서 가톨릭을 받아들일 것인가? 떠나서 신앙을 지킬 것인가?'라는 갈림길에서 어느 하나를 선택할 수밖에 없었다.

파팽은 수많은 위그노와 마찬가지로 파리를 떠나기로 했다. 그의 선택지는 런던이었다. 영국은 이미 100년도 훨씬 전에 가톨릭을 밀어내고 국교회인 성공회를 설립했다. 개신교에 대해서도 비교적 열려 있었다. 이미 많은 프랑스 개신교인들이 영국에 정착해 살고 있었다. 파팽은 영국에서 자유로운 신앙생활과 함께 자신의 꿈도 이룰 수 있을 것으로 생각했다. 어쩌면 영국이 하나님께서 예비하신 약속의 땅일지도 모른다고 생각했다. 파팽은 위그노들이 모여 살던 런던 트레드니들 거리(Threadneedle street)에 있는 위그노 교회에 매주 출석했고, 영어도 열심히 배웠다. 새로운 땅에 적응하려면 새로운 언어를 배우는 건 필수였다. 처음에는 과학 실험보다는 영어 공부에 더 집중할 정도로 그는 새로운 땅 개신교의 나라에서 마음껏 꿈을 펼칠 수 있겠다는 희망에 부풀어 있었다.

런던에서 튜터로, 조수로

그는 런던에서 로버트 보일을 만났다. 보일은 자연철학자이자 화학자, 물리학자였다. 그는 코르크 백작 1세의 아들로 영국과 아일랜드에서 가장 부유한 사람 중 하나이기도 했다. 과학에 대해 실용적이고 실험적인 접근을 했고, 이것이 파펭의 발명기술에 딱 들어맞았다. 파펭과 관련해 더 중요한 것은 보일이 자신의 공기 펌프를 가지고 실험을 해나갔고, 그의 실험 결과를 책으로 출간했다는 사실이다. 이는 파펭이 파리에서 하던 실험과 같은 방법이었다.

파펭이 런던에 도착했을 때 그의 손엔 호이겐스가 써준 소개장이 들려 있었다. 보일에게 파펭을 소개하는 내용이었다. 파펭에겐 취업이 절실했다. 하지만 처음부터 보일의 조수가 될 수 없어 조수 아래인 튜터로 일했다. 그나마 생활도 할 수 있을 정도로 벌이도 괜찮았다. 파펭은 보일에게 자신의 계획을 설명했다. 파펭은 파리에서 호이겐스와 일할 때 발명했던 자신의 공기 펌프를 개선해 갈 수 있도록 보일에게 협력을 요청했다. 그렇게 해서 파펭은 런던의 과학계에 발을 들여놓게 되었다. 파펭이 보일을 위해 일한 기간은 1676년 7월부터 1679년 2월까지 2년 반이었다. 그는 다양한 영역에서 자신의 실험을 진행했다. 대부분은 공기 펌프로 실행했다. 당시 보일은 시력이 나빠 책을 제대로 읽지 못했다. 그는 결석으로 심한 고통까지 감내하고 있었다. 보일이 아프다는 것은 그만큼 파팽에게 많은 기회가 있다는 걸 의미했다.

  하지만 당시 상황을 놓고 보면 파팽은 보일의 동료가 아니라 머슴에 가까웠다. 1674년 두 사람의 실험이 책으로 나왔을 때 저자엔 보일의 이름만 적혀 있을 뿐이었다. 심지어 파팽이 실험을 해서 책으로 냈을 때도 보일은 "그것은 내가 관찰하고, 내 감독하에서 된 것"이라고 주장했다. 파팽에겐 약속의 땅으로 생각했던 영국이 마치 이스라엘 백성이 경험했던 이집트처럼 절망과 좌절로 다가오는 순간이었다.

  파팽은 보일의 아이디어를 실행할 수 있는 기술자로 언급되기도 하지만 철저하게 그의 감독하에 있었다. 1679년 파팽은 자신이 처음으로 발명한 압력솥을 영국왕립학회에서 발표했다. 그리고 그것을 『뼈를 부드럽게 만드는 새로운 조리도구 또는 엔진』(A New Digester or Engine for Softening Bones)이란 제목의 책으로 출간했다. 고기와 물고기 조리법에 대한 상세한 설명서가 포함된 굉장히 실용적인 책이었다.

  파팽이 압력솥을 발명한 이유는, 그가 10대 때 목격한 프랑스를 휩쓴 기근과 같은 전쟁 후유증의 참상 때문이었다. 어린 시절 '가난한 사람들을 위해 살겠다'라고 하나님 앞에서 다짐했던 것을 마침내 실행할 수 있게 된 것이다. 그는 호이겐스에게 띄운 편지에서 압력솥 발명 이유를 이렇게 설명하고 있다.

"이것은 가난을 누그러뜨리고 누구나 쉽게 음식을 만들도록 하기 위한 것이었다."

보일의 실험실을 떠난 파팽은 왕립협회에서 로버트 후크의 조수로 일하게 되었다. 후크는 자연철학자이자 건축가로 명성을 얻고 있었다. 후크는 왕립학회의 실험 책임자인 큐레이터란 지위에 있었다. 큐레이터는 기술적인 역할, 즉 협회 사람들을 위해 뭔가를 만들고 그것을 위한 실험 과정과 기술 내용을 발표하는 일을 맡은 사람이었다. 불행히도 후크는 동료 의식이 별로 없었다. 파팽은 조수이긴 했지만, 보고서의 페이지당 돈을 받는 낮은 급여의 비서 역할을 했다.

그런데도 파팽은 실험에 박차를 가했고, 마침내 1680년엔 왕립학회의 펠로우로 선출되었다. 하지만 펠로우 명단에 공식적으로 등장하지는 않았다. 그만큼 그가 내부적으로 많은 어려움을 겪고 있었다는 걸 짐작하게 하는 대목이다. 프랑스에서 건너온 디아스포라 위그노로서, 처음부터 명성을 얻고 있던 과학자가 아니었던 게 분명하다. 그는 얼마 지나지 않아 이탈리아의 베니스로 건너갔다. 거기서 과학아카데미의 실험 책임자가 되었다. 하지만 아카데미는 재정 부족으로 몇 해를 버티지 못하고 문을 닫고 말았다. 파팽은 새 출발을 위해 이탈리아로 갔지만 1684년에 그는 다시 실업자 신세가 되었다.

고향 프랑스로 다시 돌아갈까 진지하게 생각했지만 그럴 수 없었다. 루이 14세 치하의 프랑스는 생각만 해도 끔찍한 곳이었기 때문이다. 프랑스는 1685년 낭트 칙령의 폐지로 파행처럼 해외의 위그노들에겐 다시는 돌아갈 수 없는, 추억과 상상 속에만 존재하는 나라가 되어 버렸다. 낭트 칙령 폐지 이후 102년 동안은 위그노들에겐 지옥과 같은 기간이었다.

1685년 10월 22일, 루이 14세는 자신의 사냥터이자 왕궁이 있던 파리 근교 퐁텐블로에서 마침내 자기 뜻을 담은 칙령을 발표한다. 그것은 위그노에겐 사망선고와 다름없는 무시무시한 것이었다. 루이 14세는 30만 명의 병력을 동원해 '위그노 이단자'들을 추적하고 그들의 재산을 몰수했다. 프랑스 국민의 대부분을 차지하던 가톨릭교도들은 위그노들을 무차별적으로 공격했다. 200명의 프랑스 노동자들이 파리의 위그노들이 모여서 예배하던 샤렁통(Charenton) 예배당을 공격해 파괴했다. 같은 날 담임목사인 장 클로드가 체포되었다. 탈출을 선택한 위그노들은 야밤에 밀항로나 밀수꾼들의 길을 이용해야 했다. 프랑스를 탈출하는 것도 불법이었기 때문이다. 운 좋게 프랑스 서부 해안에서 배를 얻어 탄 사람들은 생선 꾸러미 속에 숨거나, 짐처럼 봇짐 안에서 포장된 상태로 버티거나, 포도주 술통 안에 들어앉은 채 감시를 피했다.

프랑스 남부에 있던 오랑주 공국의 위그노들도 탈출해야 했다. 오랑주 공국은 프랑스 남부에 있었던 작은 나라지만 네덜란드 국부인 빌럼 1세가 이곳을 물려받으면서 네덜란드의 왕가가 다스리다가 1713년 위트레흐트 조약으로 프랑스가 차지하게 된다. 1702년 3월, 유럽 개신교의 구심점이던 영국 왕이자 오랑주의 왕자인 윌리엄 3세가 죽자 루이 14세는 오랑주 공국을 대대적으로 수색하고 모든 개신교도에게 개종과 탈출 중에 하나를 택하라고 명령했다. 그날 3,000명의 개신교도가 오랑주 공국을 떠났다. 그 도시의 출입문에는 '개종하고 다시 돌아온다면 재산도 돌려주고 국왕의 선물도 제공한다'라는 공고문이 붙었지만, 오랑주 공국을 떠난 사람 중에 다시 돌아온 사람은 한 사람도 없었다. 그들은 사람들 몰래 밤에 떠나야 했고, 낮에는 숲이나 곳간에 숨어지냈다. 그리고 일부러 사람들이 뜸한 알프스산맥, 쥐라산맥, 아르덴느산맥을 통과해 자신들의 조국 프랑스를 빠져나갔다. 추위와 굶주림, 피곤을 이기지 못해 탈출 루트는 시신들로 넘쳐났다.

박해는 루이 14세의 용기병들의 활동 기간에 절정에 이르렀다. 푸아투의 관리 마릴락은 위그노를 분쇄하기 위한 압착기를 개발했다. 용기병들은 태양왕의 명령을 수행하는 자들이었다. 그들은 개신교도의 집에 거주하면서 개종을 강요하고 여인들을 겁탈하고 집안을 거덜냈다. 그들은 마치 적대국의 군인들을 대하듯 그렇게 위그노들을 마구잡이로 짓밟았다.

1686년, 루이 14세는 프랑스 국경 바로 너머에 있는 이탈리아의 피에몬테 지역의 왈도파 정착지에 위그노들이 대거 피신했다는 정보를 접하고 그곳을 덮쳤다. 군대는 마을을 초토화했고, 1만 2,000명의 위그노를 수용소로 보냈다. 그들 대부분은 거기서 굶어 죽었다. 프랑스 서부의 바닷가 지역 마헨느에서는 주일에 1만 명의 위그노가 예배당으로 모여들었다. 그곳은 지방관리의 명령으로 폐쇄될 그 지역의 마지막 예배당이었다. 거기서 23명의 어린아이가 세례를 받았다. 그것은 그 예배당에서 드려진 마지막 예배이자 마지막 세례식이었다. 하지만 이 아이들은 집으로 돌아가는 길에 먼 여정과 추위를 견디지 못하고 대부분 죽었다.

독일 진출, 그러나 전쟁

파펭은 프랑스가 아닌 독일로 갔다. 1687년 마르부르크의 헤센 백작의 후원이 있었기 때문이다. 하지만 독일에서도 재난은 멈추지 않았다. 프랑스의 루이 14세와 그의 정복욕을 막으려는 유럽 여러 나라가 벌이는 9년 전쟁의 서막이 열린 것이다. 독일에서 새로운 출발을 하려던 파팽은 또다시 앞날을 장담할 수 없는 어두운 터널에 직면했다. 그 와중에 아버지는 죽고 결혼은 좌절됐다. 프랑스에서는 친족간의 결혼이 일반적이었지만 교구 목사는 사촌과의 결혼을 허락하지 않았다. 하지만 4년 뒤 마침내 지역 영주의 특별허가로 결혼을 할 수 있었다. 파팽은 독일에서 프랑스를 떠났던 다른 위그노들과도 재회했다. 그중엔 조카 마리 파팽 부부도 있었다.

파팽은 독일에서 발명가로 새 출발을 해보려 했지만 일은 뜻대로 되지 않았다. 그는 광산 노동자들의 안전을 위한 환풍구 작동을 위해 오늘날 잠수함의 초기 형태인 '움푹 파인 보트'를 발명하지만 인정받지 못했다. 사람들이 실험의 결과물을 채택해 주지 않았다. 자신의 발명이 영향력을 미치려면 어느 정도의 재정이나 지위가 있어야 했는데 그게 없었기 때문이다. 이런 비슷한 문제는 그가 발명한 가장 위대한 발명품인 증기기관에서도 발생했다. 증기기관을 가장 먼저 디자인한 사람은 파팽이었다. 하지만 실제 모델 형태로 만들 수는 없었다. 잠수함의 초기 형태가 인정받을 수 없었던 것과 같은 이유에서였다.

더욱 심각한 것은 영국왕립학회가 조악한 디자인에도 불구하고 토마스 세이버리에게 증기기관의 특허를 주었다는 점이다. 흔히 사람들은 증기기관의 발명자를 제임스 와트로 기억하지만, 사실 그는 발명품을 실용화하는 데 이바지했던 인물이다. 제임스 와트의 증기기관 실용화는 영국의 산업혁명에 불을 붙였다. 그로 인해서 각종 산업에서 요구하는 여러 가지 기계화 작업이 가능해졌기 때문이다. 하지만 그 기술의 원천으로 거슬러 올라가면 거기에 드니 파팽이 있다. 하지만 그의 업적은 잊혔고 그 공은 다른 이에게 돌아갔다.

파팽은 자신의 고용주가 등을 돌리자 어쩔 수 없이 독일을 떠나야 했다. 그렇다고 위그노들이 모두 탈출하고 있는 파리로 다시 돌아갈 수는 없는 일이었다. 그는 1707년 런던으로 다시 돌아왔다. 왕립협회에 다시 고용되기를 강력하게 희망했지만, 그의 뜻대로 되지 않았다. 당시 왕립협회는 재정 부족에 시달리고 있었다. 협회장은 아이작 뉴턴이었다. 파팽은 뉴턴과 라이벌 관계였던 라이프니츠와 긴밀하게 소통하고 있었다. 실용적인 실험과 학문을 추구하는 라이프니츠가 파팽과 잘 맞았다. 하지만 뉴턴이 라이프니츠를 싫어했기에, 라이프니츠와 어울리는 파팽을 뉴턴은 받아들일 수가 없었다.

그럼에도 파팽의 과학 실험은 계속되었다. 그는 오늘날 잠수함의 원형은 물론, 공기총, 수류탄 발명에도 열정을 쏟았다.

파팽은 독일에 있을 때도 헤센-카셀에서 유리산업을 일으키기 위해 발명을 거듭했다. 화학과 진공을 이용한 음식물 보관 기구 발명에도 힘을 기울였다. 이것은 오늘날의 냉장고와 같은 것이다. 하지만 불행하게도 그의 발명은 영국왕립협회를 비롯한 과학계에서 인정을 받지 못했다. 그에 관해 알려진 마지막 보고서는 1712년 1월 23일이다.

런던에서 보낸 그의 말년에 대한 기록은 현재 남아 있는 게 없다. 그의 사망일도 1713년 8월 26일로 알려졌지만, 이는 추정일 뿐이다. 그에겐 남아 있는 친척도 없었다. 그는 어디에 묻혔는지 아무런 표시도 되지 않은 채 런던 어딘가에 묻혔다. 그는 동료 과학자들로부터 양보를 모르는 완고한 성격에 논쟁과 규칙에 익숙했던 인물이라는 평가를 받았다. 그는 당대에 인정받지 못한 채 가난하고 고독하게 타국땅인 런던에서 디아스포라의 고단한 생을 마감하고 말았다.

그가 죽은 지 300여 년이 지나자, 사람들이 그를 알아보기 시작했다. 그의 고향 프랑스 블로아에는 그의 청동상이 주조되어 세워졌고, 해마다 그의 이름을 딴 시상식도 열린다. 보르도 근처 베글에는 드니 파팽 추모관이 세워졌다. 2013년 7월엔 그의 출생 300주년을 기념하는 축제가 고향 블로아의 시트네에서 열렸다. 위그노의 정체성을 잃지 않고, 어린 시절 하나님이 주신 꿈을 좇아 발명에 전념했던 그를 사람들이 비로소 찾기 시작한 것이다. 그의 삶에 대한 발굴과 함께 과학에 대한 재평가도 필요할 것으로 보인다.

3. 영국 산업혁명의 기초를 놓다

영국으로 망명한 프랑스의 위그노는 6만 명이 넘는다. 1572년 파리에서 발생한 성 바돌로매 축일의 대학살 때 상당수가 이주했고, 나머지는 위그노 대박해기인 1680년대에 이주했다. 이들은 주로 런던에 터를 잡았다.

1685년, 위그노에겐 사망선고나 다름없는 퐁텐블로 칙령이 발표되자 위그노는 유럽의 여러 나라로 뿔뿔이 흩어져 갔다. 그즈음, 영국에서는 가톨릭을 표방했던 제임스 2세를 몰아내고 네덜란드의 빌럼이 아내 메리 2세와 함께 영국 국왕 윌리엄 3세로 즉위하는 사건이 발생한다. 이것이 1688년 명예혁명이다. 10년 후엔 비국교도를 포함한 개신교 교도들에게 예배의 자유를 허용하는 관용법이 통과된다. 권리장전을 통과시켜 가톨릭교도는 절대 잉글랜드 국왕이 될 수 없도록 못을 박는 왕위계승법이 확정됐다.

영국 사회는 같은 개신교인 위그노에게 아주 동정적이었다. 이민자들이 재정적 지원을 받을 수 있도록 보증을 서주는가 하면, 위그노의 자립을 위해 왕실과 귀족이 앞장서 기금을 마련해 주었다. 왕과 왕비는 여기에 4만 파운드를 기부했다. 영국 전역의 교회에서도 이를 위해 헌금에 나서 10만 파운드의 기금을 모았다. 이것이 위그노 정착에 든든한 버팀목이 되어 주었다.

영국의 위그노

윌리엄 3세는 원래 네덜란드 총독이었다가 영국 왕위에 올랐다. 그를 따라 네덜란드의 위그노들이 영국으로 대거 이주했다. 이때 위그노들은 풍부한 전문지식과 함께 섬유 가공이나 방직, 의류 제작, 도자기, 제지 등 여러 방면에서 우수한 기술을 영국으로 가져왔다. 그들 중엔 과학자와 군인 외에도 방직업자 루이 크로믈랑, 첼시 도자기 창업자 니콜라스 스프리몽, 제지업자 헨리 포탈, 베르사유 궁전의 가구 제작자였던 다니엘 마로, 의류 사업가 자크 퐁텐느 등이 있었다. 이들은 영국 산업발전에 이바지했고, 이것이 훗날 산업혁명의 기초가 되어주었다. 영국 정부는 위그노 장인이나 업자들에게 최소 2명씩의 영국 사람들을 배치했다. 위그노에게서 기술을 배우기 위한 것도 있었지만, 위그노에 대한 특혜로 인해 반발할 수 있는 영국인들을 달래기 위한 것이었다.

하지만 영국에 정착한 지 몇 년 되지 않아 또다시 위그노들은 커다란 시험에 맞닥뜨린다. 가톨릭 지지 세력인 제임스 2세와 그 자손의 지지자들인 자코바이트가 재등장한 것이다. 교황 클레멘트 11세와 유럽 가톨릭 귀족들의 지지를 등에 업은 제임스 스튜어트의 등장은 위그노들에게 제2의 성 바돌로매 대학살의 참극을 불러올지도 모른다는 근심을 불러일으키기에 충분했다. 교황 클레멘트 11세는 1715년 3월, 청나라에서 제례를 금지하는 회칙을 발표한 인물이다. 그러자 청나라 황제 강희제는 선교사들의 포교를 불법화하는 칙령으로 맞섰다. 클레멘트 11세의 조상제사 금지는 조선 말기 천주교 박해의 주요 근거가 되어 수만 명의 천주교인이 순교의 피를 쏟아야 했다. 정치적, 종교적 불안의 먹구름이 드리운 영국 사회는 위그노가 필요했고, 대학살의 암운에 맞닥뜨린 위그노는 더욱 적극적으로 영국 사회와 함께 나아가야 했다.

영국으로 건너온 수백 명의 위그노가 윌리엄 3세 군대의 장교로 편입됐다. 그중엔 윌리엄 군대의 총사령관이 된 루비니의 후작 앙리 드 마슈 같은 이도 있었다. 마슈는 파리에서 태어났고 아버지는 외교관이었다. 그는 프랑스에서 군인으로 높은 평가를 받았다. 하지만 1690년에 위그노 교도들에 대한 박해를 피해 국외로 망명을 시도했고, 영국으로 건너가 윌리엄 3세의 휘하에 들어갔다. 이에 따라 프랑스에 있던 그 집안의 모든 재산은 몰수되고 말았다. 그는 1691년 7월 아일랜드와 벌인 아우그림 전투에서 특출한 활약을 보여 1692년 최고사령관이 되었다. 그는 위그노와 비슷한 처지의 왈도파를 돕는 일에도 주저하지 않았다. 윌리엄 3세는 1689년 5개의 위그노 연대, 3개의 대대를 추가로 창설했다. 아울러 1만 3,000명의 장교와 군인들을 영입했다. 영국 군대의 5분의 1 이상이 위그노들로 채워졌다.

이외에도 영국으로 이주한 위그노들은 다양한 분야에서 발자취를 남겼다. 산업과 금융 부문에서는 영국은행(The Bank of England) 초대 은행장 존 허블론 경이 대표적이다. 그는 위그노 집안 출신으로 초대 영국은행의 7명 이사 중 한 명이었고 초대 은행장을 지냈다. 그는 런던 시장과 해군성 장관도 역임했다. 1990년대 영국 50파운드짜리 지폐엔 그의 얼굴이 새겨졌다.

영국의 군대·금융·의학·과학 발전을 이끌다

지폐의 위조 방지 기술을 고안한 것도 위그노였다. 영국은행은 1724년 햄프셔의 레이버스토크 공장과 고품질 지폐 생산 계약을 체결했다. 공장의 소유자는 헨리 포탈로 위그노 집안 출신이었다. 포탈은 이듬해 위조 방지를 위해 종이에 워터마크를 넣는 기술을 개발했다. 그 후 1700년대 중반에 벤자민 프랭클린이 잉크의 염료 등을 활용한 지폐 위조 방지 기술을 발명했다. 이는 미국 지폐에 활용되어 광범위한 지폐위조를 막는 데 기여했다. 영국은행은 그때부터 무려 270년 동안 레이버스토크 공장과 지폐 생산 계약을 유지했다.

카제노브는 영국에서 가장 오래된 증권사로 20세기까지 런던의 주요 주식중개업체 중 하나였다. 브리티시 페트롤리엄(BP)의 아모코 인수, 클락소 웰컴과 스미스클라인 비참의 합병 등을 자문한 회사로 영국 내 최고 수준의 기업 인수·합병(M&A) 자문사로 정평이 나 있다. 2009년에 금융사 JP모건과 합병했다. 카제노브를 설립한 존 카스테잉은 위그노 집안으로, 매주 두 번 열리는 증권거래소(Course of Exchange)의 발기인이기도 하다.

의학 분야에서도 위그노들의 활약이 컸다. 앙드레 박사는 화이트 채플에 있는 런던 병원의 설립자 중 한 명이다. 출산에 사용된 집게의 발명 역시 1569년 프랑스에서 영국으로 건너온 위그노 윌리엄 체임벌린과 그 가족의 공로 덕분이다. 휴 체임벌린은 1673년 조산사에 관한 최초의 교과서를 써서 산부인과 분야 의학 발전에 크게 기여했다. 시어도어 드 메이어른 경은 제임스 1세와 찰스 1세의 수석 의사였다. 메이어른은 질병으로 인한 모든 신체적 징후를 설명한 최초의 의사 중 한 사람이란 기록을 남기기도 했다.

수학자, 발명가로 영국왕립협회의 회원이 된 이들도 있다. 1685년경 프랑스의 샹파뉴 지역을 떠나 영국의 세인트마틴 레인에 정착한 아브라함 드 모이브르는 아이작 뉴턴의 친구가 되었다. 그는 핼리 혜성을 발견한 천문학자 에드먼드 핼리와 함께 일하기도 했다. 평생 연금과 생명 보험을 계산하기 위한 공식을 만든 사람도 모이브르였다.

제임스 식스는 온도계를 발명해 왕립협회 회원이 되었다. 존 테오필루스 데사글리어스는 영국 하원에 최초의 에어컨 시스템을 설계하고 설치한 과학자다. 그는 행성들 사이의 정확한 거리를 측정하는 기계를 발명하기도 했다.

스피탈필즈 직조공 존 돌랜드는 수학, 광학, 천문학을 공부했고, 왕립학회로부터 메달을 받았다. 그의 아들 피터는 1750년 스피탈필즈에서 광학 작업장을 열었고 망원경을 직접 제작하기도 했다. 그의 가족은 몇 세대에 걸쳐 광학 사업을 계속했고, 지금도 런던에서 '돌랜드 앤 애치슨'이라는 안경 회사를 운영하고 있다.

에든버러에 정착한 피터 마크 로제의 가족은 계산자(slide-rule)의 발명가이기도 하지만 로제 유의어 분류사전(Roget's Thesaurus)으로 더 잘 알려져 있다.

건축가이면서 디자이너인 다니엘 마로(1661~1752)는 파리를 떠나 햄프턴 코트 궁전에서 일하며 궁전 정원과 영국 왕실의 전용 마차를 설계했다. 그 마차는 1981년 찰스와 다이애나의 결혼식 때도 사용됐다. 장 티주는 크리스토퍼 렌이 디자인한 세인트폴 대성당 설계를 위한 그릴 작품을 제작했다. 폴 더 라메리는 조지 1세의 금은세공가로 임명받았고, 빅토리아 시대 런던의 하수도를 만든 조지프 바잘겟, 영국의 연극, 영화, 음악에 이바지한 데이비드 개릭, 로렌스 올리비에, 존 퍼티, 데릭 자코비, 에디 이자드, 사이먼 르 본 등이 모두 위그노의 후손들이다.

17세기 당시의 퀘이커 교도들처럼 위그노들도 경건하고 부지런하기로 유명했다. 칼뱅주의자들은 정직한 노동으로 만들어진 부는 신성하다고 믿었고 위그노는 그 가르침을 그대로 따랐기 때문이다. 위그노들의 직업은 대부분 기술이 좋은 예술인들, 장인들, 농업인 그리고 전문인들이었다. 영국에 온 위그노 중에는 의사, 교사, 상인, 선원, 조선공 그리고 심지어는 귀족도 있었다. 그들은 특유의 경건과 성실로 가는 곳마다 예술과 산업을 꽃피웠다. 이는 막스 베버가 『프로테스탄티즘의 윤리와 자본주의 정신』에서 언급한 대로 노동에 대한 칼뱅주의의 영향 때문이었다. 그들은 정착지에서 견고한 위그노들의 공동체를 형성했다.

부지런함으로 산업을 일구다

군인이 된 위그노들은 명예혁명 기간인 1688년 제임스 2세를 쫓아내는 군대의 일원으로 참여하기도 했다. 위그노 중엔 총포 제작자도 있었다. 그러다 보니 예전엔 유럽의 최고 문명국 프랑스로부터 수입해야 했던 많은 생산품을 이제 런던에서 제조할 수 있게 된 것이다. 그들의 수고와 창의력은 18세기 산업혁명의 기둥 중 하나가 되었다.

  유리 제조 역시 위그노들에 의해 영국에서 급속도로 발전했다. 반대로 프랑스의 유리산업은 사그라들고 말았다. 루이 14세가 네덜란드와의 전쟁 군수품 제조를 위해 모든 금 그릇을 바치라고 하자 많은 금세공, 유리세공업자들이 프랑스를 떠났다. 면직 기술자들도 프랑스를 떠나 영국에서 산업을 일으켰다.

  몽조지라는 직조기술자는 프랑스 리옹에서 떠나오면서 모직 광택 비법을 영국으로 가져왔다. 이는 영국에서 엄청난 인기를 끌었다. '영국의 호박단'(taffeta)이라 불리며 세계로 팔려나갔다.

  초기 영국으로 건너온 많은 위그노는 조국 땅 프랑스가 바다 건너편에 있는 도버해협 인근의 캔터베리에 거주했다. 얼마 지나지 않아 프랑스로 다시 돌아갈 것이란 기대 때문이었다. 거기에서 직조 산업이 번창했던 이유다. 하지만, 당분간은 프랑스로 돌아갈 수 없다는 걸 안 위그노들은 수도 런던으로 발걸음을 옮겼다.

  많은 위그노는 런던의 스피탈필즈와 베드날 그린에 거주했다. 트레드니들 거리 근처의 스피탈필즈는 중세의 성 메리 스피탈 수도원에서 유래한 이름이다. 이 지역은 런던의 확대 방지 규제정책 때문에 중세 약 200년 동안 건설이 불가능했지만 1660년대부터 금지령이 완화됐다. 그리고 1666년 런던 대화재 이후 새로운 주택 건설의 필요성이 대두되면서 개발이 시작됐다. 위그노 직공들이 거주하기 이전부터 이곳엔 비단을 원료로 하는 직공들이 살고 있었다. 위그노들의 대규모 유입은 스피탈필즈의 변화에 속도를 가했다. 저렴한 주택 가격에 농촌과 비슷한 풍경, 거기다 기존 직공들을 위한 인프라까지 갖춰져 있어서 위그노 정착민들에겐 최고의 장소였다.

당시 실크, 특히 리본은 인기가 많았다. 하지만 기존 영국의 직공들에게는 드레스나 조끼 같은 옷을 만들기 위해 넓은 실크 소재를 생산하는 기술이 없었다. 그때까지 실크 직물은 대부분 프랑스에서 수입되었고, 높은 관세 때문에 가격도 비쌌다. 이제 영국 현지에서 실크 직물을 생산할 수 있으니, 가격이 저렴해져 훨씬 많은 사람이 이용할 수 있었다. 영국 실크 산업은 폭발적인 인기를 예고하고 있었다. 거기다 실크는 관련된 기술과 지식이 복잡했다. 원자재의 수입, 방적, 직조, 디자인, 염색, 판매 등 다양한 기술과 고용, 부가가치를 창출했다. 직물의 종류 또한 매우 다양했다. 평소 영국의 경제에 큰 관심을 가졌던 '로빈슨 크루소'의 작가 대니얼 데포는 1700년대 초 양모와 비단 산업이 번창하는 것을 보며 "영국 부의 가장 중요하고 필수적인 부분"이라고 묘사한 바 있다.

위그노가 도착하고 몇 년 되지 않아 모직 관련 산업이 활기를 띠자 부유한 위그노들이 나오기 시작했다. 그들은 큰 집이 필요했다. 그래서 스피탈필즈에는 더 크고 우아하면서도 기존 영국의 집과는 다른 독특한 형태의 집들이 들어서기 시작했다. 그때 만들어진 집들은 지금도 프린스렛 거리, 윌크스 거리 등에 남아 있다.

초창기 위그노들이 핍박을 피해 런던으로 왔을 때인 1550년, 당시 영국의 에드워드 6세는 네덜란드와 프랑스 난민들을 위한 개신교회를 세울 수 있도록 왕령을 내린다. 그곳이 지금의 오스틴 거리다. 지금도 그 교회는 네덜란드교회(The Dutch Church)란 이름의 세계에서 가장 오래된 네덜란드 개신교회로 예배당 건물과 함께 남아 있다.

같은 해에 오스틴 거리 근처의 트레드니들 거리의 성 안토니 병원 예배실이 위그노들의 예배처로 허락되었다. 이 건물은 1841년 영국 증권거래소로 바뀌었고, 교회는 런던의 중심가 소호 광장에 다시 지어졌다. 프랑스 위그노들이 그만큼 많이 늘어나고 있었던 것이다. 파리를 떠나온 주된 이유가 신앙 때문이었기에 런던에서의 중심도 언제나 교회였다. 18세기까지 런던에는 31개의 위그노 교회가 있었다.

늘어나는 위그노, 번성하는 영국 산업

여러 세대에 걸쳐 박해를 받았던 위그노들은 철저하게 상부상조하는 전통을 유지하고 있었다. 특히 노약자들은 적극적인 보호 대상이었다. 런던시는 위그노들을 위해 분힐필즈 근처의 큰 집을 제공했고, 거기에 위그노들이 병원을 설립했다. 처음엔 '프랑스 개신교 병원'이었지만 1760년엔 200명을 훌쩍 넘는 환자를 수용할 만큼 큰 병원이 되었다.

클레켄웰, 모트레이크, 풀럼, 완즈워스 등은 현재 런던의 한인들 거주지인 뉴몰든 근처다. 상당수 위그노가 이들 지역에 거주하면서 자립도가 높아졌다. 전 프랑스 정부 장관이었던 루비니 후작은 프랑스를 대표해 여러 차례 영국 궁전을 방문했다. 1685년 낭트 칙령이 폐지되자 그 역시 프랑스를 떠나 위그노 공동체가 있는 그리니치에 정착했다. 현재 그리니치 천문대가 있는 곳이다.

위그노들은 또 1631년부터 런던 외곽의 완즈워스에도 정착하기 시작했다. 1682년엔 21명의 위그노가 런던의 주교에게 완즈워스 하이스트리트에 프랑스 개신교 예배당을 건립해 줄 것을 호소하는 편지를 쓰기도 했다. 결국 그곳에 위그노 교회가 설립됐다. 교회는 위그노들의 중심 역할을 했다. 교회가 없는 곳에는 교회를 설립했고, 교회가 설립되면 교회를 중심으로 더 많은 위그노가 몰렸다. 1687년엔 위그노들을 위한 공동묘지도 만들어졌다. 이제 위그노들에겐 디아스포라로 건너온 영국에서 편안하게 눈감을 수 있는 곳이 생긴 것이다.

1630년대 중반까지 런던의 사우스웍과 웨스트민스터엔 위그노 가게들이 있었다. 지금도 사우스웍엔 패션 직물박물관(Fashion and Textile Museum)이 있다.

최초의 웨스트민스터 다리는 스위스 태생의 육상 배수 전문가 찰스 라벨리가 위그노로서 말뚝 박는 사람인 제임스 볼루에의 도움을 받아 설계했다. 위그노의 후손인 존 로밀리 경은 법무부 장관이 되었고, 이후 항소법원 판사가 되었다.

그런 위그노들을 영국 사람들은 적극적으로 돕고 지지해 주었다. 런던의 주교 헨리 콤턴은 위그노 난민들을 적극적으로 도왔다. 영국 정부는 매년 위그노 기술자들을 위해 기금을 후원했다. 너무나 많은 프랑스인이 제라드 거리, 그레이트 윈드밀 거리, 뉴포트 시장 주변에 살았기 때문에 18세기 중반에는 마치 자신들의 고향 프랑스에 있는 것 같았다고 했을 정도다. 이들은 나중에 영국 인구의 5%까지 육박했을 만큼 불어났다. 위그노는 영국에서 번성했고, 그에 따라 영국의 모든 산업도 번창하기 시작했다.

4. 독일 부국강병의 원천

　독일은 가장 신속하게, 가장 폭넓게, 가장 친절하게 위그노를 맞이한 나라라고 할 수 있다. 프랑스의 위그노에게 철퇴를 가했던 루이 14세의 퐁텐블로 칙령이 발표되고 불과 20일 만인 1685년 11월 8일에 프로이센의 초대 국왕이자 브란덴부르크의 선제후였던 프리드리히 빌헬름 1세가 포츠담 칙령을 발표했다. 이것은 프로이센의 부국강병을 천명한 일이기도 했다.

　칙령은 자신의 나라는 다른 어느 나라보다 따뜻하고 친절하면서도, 실질적으로 위그노의 이민과 정착을 지지하고 지원하겠다는 내용을 담고 있다. 프리드리히 빌헬름 1세는 "같은 개혁신앙을 가진 형제들로 위그노들을 환영한다"라면서 이동 편의를 위한 배편 제공, 육로로 올 때 돈과 여권 제공, 거주할 집과 관련 6년간 세금 면제, 집수리 목재 제공, 생활을 비롯한 제조·무역·관세 등 모든 종류의 편의 제공, 가지고 온 모든 물건의 완전 면세, 목장이나 논밭, 필요 농기구 제공과 10년간 면세, 자체 치안판사 선발 및 필요 급여 제공, 모든 위그노는 국내인과 동등 대우, 분쟁 발생할 때 프랑스인끼리는 양쪽 대리인이 합의해서 처리, 프랑스 목회자 선정 및 자체 프랑스어 예배 허용, 귀족 출신은 독일에서도 귀족 대우 등이었다. 그야말로 파격적인 특혜였다.

굶주림과 추위를 뚫고 브란덴부르크에 정착하다

프리드리히 빌헬름 1세는 프로이센을 경제적·군사적으로 발전시키기 위해 노력했다. 많은 학교와 병원들을 지었다. 풍년엔 곡식을 저장해 놓고 흉년에 팔기도 했다. 그에게는 선진 기술과 지식을 지닌 위그노의 도움이 절실했다. 낭트 칙령 폐지 후 약 4만 3,000명의 위그노가 프랑스를 탈출해 프로이센으로 향했다. 그중 많은 이들이 피난처의 중심지였던 프랑크푸르트 암 마인을 경유했다. 거기서 지원과 상담을 받고 목적지와 수송 방법에 대해 논의한 후 흩어졌다. 하지만 많은 이들이 도피 과정에서 낙오했다. 특히 노인과 어린이들의 피해가 컸다. 굶주림과 추위, 병으로 인해 도중에 사망했기 때문이다. 이들이 새로운 땅, 새로운 집에서 정착하려면 수년에서 수십 년은 걸려야 했다.

약 2만 명의 위그노가 프리드리히 1세 군주가 있는 브란덴부르크에 정착했다. 브란덴부르크는 당시 150만 명이 사는 영지였다. 브란덴부르크엔 이미 프랑스의 귀족들이 살고 있어서 많은 위그노에겐 자연스럽게 최종 정착지가 되었다. 헤센이나 바덴, 프랑코니아, 브라운쉬바이크도 위그노들의 주요 정착지였다. 그들은 임시 거처에 머물면서 정착할 집을 새로 짓거나 보완할 때까지 기다려야 했다.

베를린과 그 교외 지역엔 18세기 초까지 5,000명 이상의 위그노가 거주했다. 이는 당시 베를린 인구의 20%에 이르는 규모다. 프리드리히 1세는 위그노들이 난민 공동체를 만들 수 있도록 배려했다. 자칫 위그노들이 지역주민들로부터 소외감이나 차별의식을 가질 수 있다는 걸 우려했기 때문이다. 그렇게 해서 위그노들은 자신들의 커뮤니티 중심에 교회를 세웠다. 그리고 자신들의 언어인 프랑스어로 예배를 드렸다. 또한 지역마다 형편에 맞게 자신들만의 재판제도, 정책, 교육 시스템을 만들어나갔다. 위그노들은 베를린에서 지성인으로 통했다.

"나는 위그노입니다"라는 말은 "나는 지성인입니다"라는 말과 같았다.

베를린의 젠다르멘 광장(Gendarmenmarkt)은 베를린의 여러 광장 중에서도 가장 아름다운 광장으로 알려져 있다. 오페라하우스(Konzerthaus Berlin) 건물을 사이에 두고 바로크 양식의 프랑스 돔과 독일 돔이 쌍둥이처럼 닮은 모습으로 마주보고 서 있다. 이는 프리드리히 빌헬름 1세가 위그노들을 위해 지은 것이다. 프랑스 돔만 아니라 광장까지 위그노를 고려해서 건설했다. 현재 프랑스 돔에는 위그노 박물관이 함께 있다. 그만큼 위그노가 많이 거주했다는 뜻이다. 마주하고 있는 독일 돔은 마치 프랑스와 독일은 형제라는 인상을 주기에 충분하다. 독일 돔은 세계 2차대전 때 전소되었으나 1990년대에 재건되었다.

베를린에는 당시 프랑스의 위그노만 몰려 살았던 것은 아니다. 종교나 전쟁 등 여러 이유로 근처 폴란드나 오스트리아, 바다 건너 스코틀랜드에서도 사람들이 꾸역꾸역 몰려들어 진작부터 국제도시의 면모를 갖추었다.

30년 전쟁(1618~1648년)은 신교와 구교의 종교전쟁이면서, 여러 나라가 얽힌 유럽의 국제전쟁이었다. 거기다 흑사병까지 겹치면서 약 800만 명이 죽거나 다쳤다. 흑사병은 1708~1710

년 다시 한 번 유럽을 휩쓸었다. 전쟁과 전염병이 겹치면서 인구는 줄고 산업은 황폐했다. 따라서 위그노 같은 기술력을 가진 인재 영입은 독일에 사활이 걸린 문제이기도 했다.

30년 전쟁에서 아직 회복 중이던 독일의 많은 지역은 위그노를 환영했다. 브란덴부르크시는 심지어 위그노들이 그곳에 정착하기를 간절히 원한다고 광고까지 했다. 약 4,000명의 위그노가 베를린에 정착했다. 독일인들은 나중에 위그노를 베를린을 주요 도시로 변모시킨 불꽃으로 여겼다. 위그노의 기여가 어떠했는지를 짐작할 수 있다.

위그노 중에서도 상대적으로 부유한 이들은 영국이나 네덜란드행을 택했다. 비교적 이동이 쉬웠고 어느 정도 발전한 나라였기 때문이다. 더군다나 독일행을 택했던 많은 위그노는 탈출 과정에서 죽거나 가진 것마저 대부분 잃는 이들이 많았다. 대부분은 헐벗고 굶주린 상태에서 독일에 도착했다.

독일 경제 부흥의 짐이 위그노에게

브란덴부르크의 프리드리히 빌헬름 1세는 겉으론 관용 차원에서 위그노들을 받아들였지만 실제로는 위그노 장인들을 통해 경제 부흥을 꾀하려 했다. 포츠담 칙령에 나오는 관세와 각종 세금 면제, 농업 장려를 위한 부지 제공 등은 그런 의도가 깔린 것이었다.

맨몸밖에 가진 게 없었던 위그노 대부분은 프랑스에서 그랬던 것처럼 다시 일을 벌이기 시작했다. 가장 잘할 수 있는 일은 직물이나 의류 관련 사업이었다. 독일에 온 전체 위그노의 약 60%가 옷이나 직물 관련 장인으로 일했다. 독일인들의 기대는 어긋나지 않았다. 위그노들은 자신들이 가진 기술과 지식, 거기다 독일의 지원을 바탕으로 공장을 건설해 갔다. 이는 브란덴부르크나 베를린의 다른 독일 업자들보다 내용이나 속도 면에서 훨씬 뛰어난 것이었다.

브란덴부르크는 30년 전쟁 후 40년이 넘도록 황폐한 채 버려져 있었다. 프로이센은 30년 종교전쟁 후유증으로 큰 고통을 겪고 있었다. 산업은 낙후됐고 인구는 대폭 줄었다. 활기라고는 찾아볼 수가 없는 황폐한 나라였다. 1670년대 후반, 프로이센 정부가 몇 개의 공장을 베를린에 지었지만, 시장이 받쳐주지 못했다. 대부분 실패하거나 성과를 내지 못한 채 문을 닫았다. 하지만 위그노들이 밀려오자 지역에는 활기가 돌기 시작했다. 프랑스의 선진기술이 들어오고 외국 자본이 유입되며 새로운 공장들이 늘어났다. 수백 명의 시민이 공장에 고용되자 소비가 늘어났다.

위그노는 당시로서는 첨단 방법인 분업 방식으로 공장을 운영했다. 이는 생산성을 획기적으로 높이는 것이었다. 당시 프로이센은 공장이 제대로 발달하지 못했다. 위그노는 중앙 집중화된 공장 방식의 생산 기술을 프로이센에 제공했다. 이것이 프로이센 산업혁명의 불쏘시개가 되었다. 위그노들은 기술과 함께 공장 운영 지식도 전수해주었다. 그들이 전해준 다양한 선진기술은 오늘날로 치면 특허를 받을 만한 정도의 수준이었다. 연구에 따르면 위그노에 의해 브란덴부르크에 소개된 전문기술은 46개에 달했다. 이들은 대부분 직물산업과 관련된 것으로 예전엔 프로이센에 전혀 알려지지 않았던 것들이다.

한 위그노는 섬유 염색 기술을 프로이센에 가져다주었다. 어떤 이는 면직물에 프린팅하는 기술을 소개했다. 또 다른 이들은 직물 짜는 베틀을 소개했는데, 이는 기존 수공으로 하던 양말 생산 과정을 완전히 대체할 만한 것이었다.

누에 치기와 실 짓기, 이를 통한 직물 산업도 위그노가 소개한 것이다. 이는 나라 경제의 발전을 고민하던 프리드리히 빌헬름 1세에게는 활로를 뚫는 너무나 중요한 일이었다. 그는 누에를 먹이기 위해 학교 운동장마다 뽕나무 경작을 지시했다. 아울러 베를린 근교에 특별 뽕나무 재배 구역을 지정하기도 했다. 이민자인 위그노에 대해 프로이센인들의 차별이 존재했음에도 불구하고 위그노들은 그들을 도제나 기술자로 훈련했다. 할레 같은 곳에서는 '시민들은 자녀들을 프랑스의 제조업자들에게 도제로 보내야 한다'라고 공식 선포하기도 했다. 이것은 독일인들이 새로운 기술을 보유하는 결정적 계기가 되었다.

위그노를 향한 독일인들의 칭송이 자자했다. 이런 말이 나돌았을 정도다. "빌헬름이 통치하기 시작했을 때 이 나라는 모자나 스타킹, 직모와 모직물조차 생산하지 못했다. 하지만 위그노를 통해 다양한 옷감과 약품이 보급됐다."

위그노는 대규모 공장을 프로이센에 도입했다. 대규모 공장은 16명 이상의 노동자를 가진 공장을 의미했다. 브란덴부르크의 위그노들은 주로 면직 관련 공장 등을 운영했지만 비누도 생산했다. 주로 면의 질을 개선하기 위한 세척용이었다. 이것 역시 위그노가 프로이센에 제공한 기술이었다.

위그노는 브란덴부르크에서 무역업에 종사하기도 했다. 시계 제조업, 금세공인, 가발 제조업, 담배 재배업, 유리, 종이, 바늘과 핀 같은 작은 철물 제조업 등 다양한 전문직에 종사하며 브란덴부르크의 산업발전을 견인했다.

포츠담 칙령은 위그노에게 프로이센이 확실한 피난처임을 보여주었다. 칙령은 더는 폭력이나 고문, 죽음이 없을 것이며,

신앙의 자유, 삶과 사업의 자유가 있음을 알렸다. 프로이센의 대선제후(大選帝侯)는 위그노 목사 다비드 앙시옹을 영접하면서 이렇게 말했다. "당신이 나의 채플의 목사가 되어 주십시오." 베를린엔 1672년에 세워진 프랑스 교회가 있다. 파리의 샤렁통 교회를 그대로 본뜬 것이다. 샤렁통 교회는 루이 14세가 1685년 낭트 칙령을 폐지하면서 파괴되었다. 이 교회는 힘 겨운 타향살이에 지친 위그노의 마음에 위안을 주고 고향에 대한 향수를 달래는 역할을 했다. 샤렁통 교회를 본떠 이 교회의 예배당을 지은 것을 보면, 프로이센이 위그노를 얼마나 이해하고 존경하며 고마워했는지를 알 수 있다.

위그노 쉰베르크, 독일을 군사 강국으로 변모시키다

프로이센 왕이 된 프레드리히 빌헬름 1세가 원했던 건 산업의 재건과 함께 강력한 군사력 확보였다. 그것은 30년 전쟁의 경험과 불안한 유럽의 정세 때문이었다. 그렇게 해서 약 600명의 위그노가 장교로 발탁되었다. 그중에서도 신실한 위그노였던 쉔베르크는 프로이센의 총사령관이자 총독이 되었다. 쉔베르크의 군대 부대원들은 대부분 새로 모집되었다. 부대들을 지휘하는 프로이센의 장교들은 대부분 경험이 부족했다. 수송, 포병, 의료, 보급 부문이 특히 심각했다. 쉰베르크가 최고로 생각하는 부대는 네덜란드 보병대대 몇 개, 그리고 위그노 4개 연대였다. 위그노 부대를 포함한 네덜란드 부대가 취약한 프로이센의 군대를 든든하게 받쳐주었다. 쉰베르크가 "위그노 군인들은 다른 어떤 군대보다 두 배의 가치가 있다"라고 말했을 정도로 위그노 군대에 대한 그의 신뢰와 자부심은 대단했다. 위그노 군인들은 프로이센에서뿐만 아니라 영국, 네덜란드, 미국에서도 혁혁한 공을 세웠을 정도로 용맹과 지략을 두루 갖추었다.

쉰베르크는 과거 영국 윌리엄 3세의 아일랜드 군대 사령관이기도 했다. 그는 1633년 라이덴대학교 졸업 후 군인이 되었고, 여러 전투에서 개신교 쪽 장교로 참전했다. 1675년 스페인과의 전쟁에서 승리함으로써 최고사령관의 지휘봉을 받았다. 낭트 칙령이 폐기되자 네덜란드로 갔다가 다시 영국으로 건너갔다. 1676년 그는 루이 14세 휘하의 상급 지휘관으로 임명되었지만, 1685년 낭트 칙령이 폐지되자 '더는 프랑스에 희망이 없다'며 프랑스를 떠났다. 그만큼 그는 누구보다 위그노의 개혁신앙을 지켜야 한다는 신념이 굳건했다. 그가 아일랜드 전투에서 사망하자 잉글랜드의 윌리엄 3세는 눈물을 흘리며 "아버지를 잃었다"고 선언했을 정도로 존경을 받았다. 그의 시신은 1731년 더블린의 세인트 패트릭 대성당에 안장되었다. 이후 프로이센은 8만 명이라는 거대한 정예 상비군과 관료기구를 통한 막강한 중앙집권을 바탕으로 북부 유럽의 강자로 변모했다.

프랑스 보방 출신의 위그노 장 케이야는 엔지니어들의 대장이 되었다. 그는 건축가이자 엔지니어로 1690년경에 브란덴부르크 군대에 입대했다. 그는 기술을 인정받아 군대에서 수석 엔지니어가 되었다. 그는 브란덴부르크 선제후의 국방력을 위해 꼭 필요했던 베제, 퀴스트린, 드리젠, 콜베르크, 막데부르크 요새의 확장에 결정적인 역할을 했다. 베를린에서는 민간 건물 건축에도 관여해, 1692년부터 1695년까지 다리 신축 공사에 참여하기도 했다. 베를린 도심에 있는 위그노 교회 프리드리히슈타트도 1701년 그가 착공해 퀘스나이가 1705년에 완공한 것이다. 이 밖에도 외과 의사 샤르팡티에는 병원 원장이자 군의관의 수장이 되어 프로이센을 도왔다.

프리드리히 빌헬름 1세가 디아스포라 위그노들을 받아들이면서 꾀했던 프로이센의 부국강병 계획은 성공했다. 그로부터 185년 뒤인 1870년에 벌어진 프로이센과 프랑스의 전쟁, 일명 보불전쟁에서 승리한 것이다. 이로 인해, 프랑스에서는 제2

제국이 무너지고 제3공화국이 세워졌으며 독일에서는 그동안 분열되어 있던 독일연방의 모든 회원국이 통합되어 독일제국이 세워졌다. 위그노를 박해하고 방출했던 프랑스로서는 뼈아픈 순간이었고, 위그노를 따뜻하게 맞이했던 프로이센에는 환희의 순간이 되었다. 프랑스 파리의 몽마르트르 언덕의 성심성당은 보불전쟁의 아픔을 극복하고 다시는 이런 수치를 겪지 않기 위해서 프랑스 시민들이 자발적으로 헌금을 해서 세워진 것이다. 프로이센과의 전쟁에서 패배한 프랑스인들의 충격을 눈으로 볼 수 있는 건축물이다.

5. 위그노, 네덜란드를 업그레이드하다

　네덜란드는 독일, 벨기에 등 다른 유럽 지역과 마찬가지로 가톨릭 국가인 스페인이 지배하고 있었다. 하지만 칼뱅주의를 받아들이면서 점점 가톨릭의 지배에 저항하기 시작했다. 마침내 1567년 3월 네덜란드의 17개 주가 스페인에 대항하면서 80년 전쟁이 발발한다. 전쟁의 시작과 함께 네덜란드는 공화국을 수립해 사실상 스페인으로부터 독립했다.
　이 전쟁의 여파로 독일에서도 신교와 구교 간의 전쟁이 일어났다. 이것이 30년 전쟁이다. 이 전쟁으로 800여만 명의 사상자가 발생했을 만큼 유럽 전쟁사에서도 가장 끔찍한 전쟁으로 남아 있다. 마침내 1648년 베스트팔렌 조약을 통해 두 전쟁은 모두 종식을 고하고, 개신교는 유럽에서 자유를 얻게 된다.

그리고 네덜란드도 독립국 공화국임을 유럽에서 공식 인정받는다.

새로운 국가로 기지개를 켜던 상황에서 1672년 또 다른 재앙이 네덜란드에 닥친다. 그해 4월 프랑스가 네덜란드를 침공하면서 6년간의 프랑스-네덜란드 전쟁이 발발한 것이다. 프랑스는 잉글랜드, 스웨덴, 신성로마제국과 동맹 관계를 맺고 네덜란드를 압박했다. 이 갑작스러운 침략의 해를 네덜란드에서는 '재앙의 해'로 부른다. 이에 네덜란드도 외교관계를 통해 프랑스에 맞섰다. 잉글랜드의 제임스 2세의 딸 메리가 네덜란드의 윌리엄 3세와 결혼하면서 마침내 프랑스의 네덜란드 침공 계획은 좌절되고 만다.

뜨거운 형제애로 위그노들을 품어준 네덜란드

오랜 전쟁으로 지치고 피폐해진 네덜란드는 프랑스의 위그노들을 적극적으로 환영했다. 같은 칼뱅주의를 따르는 형제라는 점도 있지만, 신기술과 자본을 가진 위그노의 유입을 통해 네덜란드를 발전시키기 위한 이유도 있었다.

네덜란드로는 약 3만 5,000명의 위그노가 이주했다. 그들은 크게 두 차례에 걸쳐 네덜란드로 이주했다. 먼저는 1572년 8월

23일 성 바돌로매 축일 대학살 직후였다. 이 첫 번째 이민자들을 왈룬(Walloons)이라고 부른다. 이는 그들이 프랑스 국경과 가까운 네덜란드 남부 왈룬 지역에 정착했기 때문이다. 지금도 이곳은 프랑스어와 독일어를 공용어로 쓴다. 이곳에서는 '분리 독립' 요구도 끊임없이 나오고 있다. 두 번째 이민자들의 봇물은 1685년 10월 루이 14세의 퐁텐블로 칙령 발표 직후 터져 나왔다. 루이 14세는 절대왕정을 확립하기 위해 가톨릭 이외의 모든 종교를 금지했다. 그만큼 퐁텐블로 칙령은 위그노들에겐 생명과 재산을 위협하는 내용이었다. 위그노들은 신앙의 자유를 찾아 목숨을 내걸고 네덜란드를 비롯해 유럽 전역과 아프리카, 아메리카로까지 먼 순례의 길을 떠나야 했다.

16세기 말 칼뱅의 개혁주의 신앙이 어느 정도 퍼져 있었던 네덜란드는 프랑스의 위그노들과 문화적 교류를 이어오고 있었다. 1575년 네덜란드의 라이덴대학교 설립 때는 프랑스의 위그노가 신학 교수로 임명되기도 했다. 당시 네덜란드는 루이 14세의 전제정치와 가톨릭 확장 정책에 우려의 시선을 잔뜩 보내고 있었다. 프랑스발 '낭트 칙령 폐지' 소식이 전해지자마자 "드디어 올 것이 왔다"라며 네덜란드 7개 지역에서 금식을 선포했다. 사람들은 애가를 부르며 프랑스 개신교도 형제들이 당하는 고난을 함께 아파하며 안타까워했다. 교회 예배에서는 루이 14세의 박해와 위그노에 대한 핍박을 애도하는 설교를 선포했다.

아울러 프랑스의 개신교 형제들을 맞이할 준비도 해나갔다. 암스테르담은 위그노 망명자들에게 시민권을 주고 세금을 면제시켜 주었다. 또한 위그노를 받아들이기 위해 1,000개의 집을 새로 건축했다.

네덜란드로 온 위그노 중엔 목사, 군인, 장인들이 유독 많았다. 특히 프랑스를 떠난 전체 600여 명 중 400여 명의 목사가 네덜란드로 건너갔다. 그만큼 개신교 신앙을 가진 위그노들에게 네덜란드는 '형제의 나라'로 인식되고 있었다. 당시 왈룬 지역을 중심으로 일찍이 개신교 교회가 설립되어 있었다. 개신교도들의 왈룬 총회에서는 위그노 목회자의 절반 정도를 받아줬다. 그럼에도 위그노 목사들을 위한 자리는 여전히 부족했다.

비록 네덜란드가 프랑스와 가까운 나라이긴 했지만, 프랑스 군인들의 검문을 피해 몇 날 며칠 들판을 걷고 산을 넘는 동안 이들은 너무 지치고 말았다. 프랑스에서는 부유한 계층이었지만 네덜란드에 도착했을 때는 남아 있는 게 별로 없었다. 네덜란드는 이들을 위한 다양한 모금 행사를 조직했다. 그들의 처지가 얼마나 딱했던지 모금 행사엔 가톨릭교도들도 자발적으로 참여할 정도였다. 암스테르담에서는 위그노들을 위한 복권을 발행하기도 했다. 네덜란드 동인도 회사도 기부에 동참했다. 모금된 돈은 네덜란드의 교회 협회가 모아서 가난한 자들에게 나눠주었다.

다른 나라에서도 그랬듯 위그노들은 네덜란드에서도 방직산업에 불을 지폈다. 장인들이 가진 방직 신기술은 네덜란드의 몇몇 도시에서 면, 직, 의류의 붐을 가져왔다. 이들이 가진 신기술은 귀족들과 신흥 자본가들을 매료시켰다. 유리산업은 창문과 거울의 생산을 가져왔다. 이들의 정밀하고도 우아한 기술은 보석, 시계, 모자의 붐을 불러왔다.

1709년, 네덜란드인들은 다음과 같이 위그노들에게 감사하는 마음으로 그들의 조속한 귀화를 요청했다. "그들이 상업과 공업을 가져온 걸 고려하면서, 또한 그들은 최고의 특혜를 받을 만한 행위를 했다는 점도 고려하면서, 우리는 이들이 네덜란드 시민임을 선언한다."

하지만 위그노들에 대한 네덜란드의 환대가 계속 이어졌던 것은 아니다. 시간이 갈수록 가난한 이민자들에 관한 관심은 식어갔다. 결국 18세기 시작과 함께 위그노들에 대한 모든 특혜는 폐지되었다. 위그노들은 이제 네덜란드 사람들과 똑같이 세금을 내고 법을 지키고 치열한 경쟁 속에서 살아가야 했다.

그런데도 네덜란드 암스테르담은 위그노들에겐 해방구와 같았다. 그들은 주어진 종교 자유에 힘입어 네덜란드를 혁신하는 데 크게 이바지했다. 그들은 네덜란드에서도 교회를 세우고 교회를 중심으로 생활했다.

철학자 피에르 베일, 계몽의 유럽을 밝히다

이들은 혁신적인 사상가들이 되어 네덜란드는 물론 유럽을 이끌기도 했다. 전 세계를 대상으로 한 역사, 종교, 철학, 과학 저널들을 발행하거나 직접 판매에 나서기도 했다. 그중에서도 철학자 피에르 베일이 대표적이다. 그는 34세 때인 1681년 프랑스의 개신교 핍박을 피해 네덜란드로 건너갔다. 당시 그는 『역사비평사전』의 저술로 명성을 얻었고 암스테르담의 철학 교수이자 'Nouvelles de la République des Lettres'의 편집자가 되었다. 그는 평소 종교의 관용을 강조했다. 종교를 선택하는 것은 국가나 교회에 달린 게 아니라 믿는 자들이 자신들의 양심에 따라 개별적으로 선택하는 것이라고 강조했다. 심지어 '개인의 신념이 하나님에 대한 잘못된 믿음으로 안내한다고 할지라도 그 개인의 양심과 자유는 존중되어야 한다'라고 믿었다.

특히 그의 '회의 철학'(Skeptical Philosophy)은 유럽의 계몽주의를 여는 데 커다란 영향을 끼쳤다. 그는 어린 시절 칼뱅주의 목회자였던 아버지로부터 교육을 받았다. 그는 원래 로마 가톨릭 교인이었지만 나중에 칼뱅주의자가 되어 제네바로 건너갔다. 거기서 회의주의자였던 데카르트의 가르침에 대해 배우고, 다시 프랑스 파리로 갔다. 파리에서 그는 여러 가정의 튜터로 일했다. 1675년, 그는 프랑스 세단의 개신교 학교의 철학과 학장으로 임명받았지만, 프랑스 정부가 개신교 학교라는 이유로 핍박하자 프랑스를 등진 채 네덜란드로 넘어갔다. 로테르담의 에꼴에서 철학과 역사학 교수로 임명되었다. 베일은 1706년 죽을 때까지 로테르담에 머물렀고, 죽어서는 로테르담의 왈룬교회에 묻혔다. 그는 위그노의 한 사람으로서 네덜란드를 이렇게 평했다. "네덜란드는 도망자들의 가장 큰 방주다."

교육계에서도 위그노들의 활약이 컸다. 안드레 리벳은 네덜란드에서 가장 저명한 위그노 교육자다. 그는 네덜란드의 오랑주 공작인 윌리엄 2세의 최고 튜터로 고용되었다. 이는 네덜란드에 프랑스어를 유행시키는 계기가 되었다. 윌리엄 3세 역시 위그노를 채용했다. 또 다른 위그노였던 사무엘 샤푸지우는 프랑스어를, 화가였던 아브라함 라기뉴는 읽기, 쓰기, 수학과 그림을 윌리엄 3세에게 가르쳤다. 리벳은 라이덴대학의 신학 학장을 역임했다.

프랑스에서 네덜란드로 왔다가 다시 신대륙으로 건너가 그 나라의 발전에 결정적인 역할을 한 위그노들도 많았다. 대표적인 사람이 요하네스 라 몽타뉴다. 그는 1596년 프랑스에서 태어났다. 그들의 가족은 1619년 네덜란드로 건너갔다. 그는 라이덴대학교 의학부에 입학했다. 2년 후 그는 뉴잉글랜드의 버지니아에 위그노 식민지를 건설할 수 있도록 허락해 달라는 라이덴의 위그노 가족들의 청원서를 헤이그의 영국 대사에게 제출했다. 하지만 청원서는 거절되었다. 1623년 몽타뉴는 아마존강으로 가는 탐험선에 승선했다. 위그노 식민지를 찾기 위해 가이아나 해변을 수색하기 위한 것이었다. 그는 2년 뒤 라이덴으로 돌아왔고, 의학 공부를 다시 시작했다. 하지만 1629년 7월 26일 그는 다시 가이아나의 북동쪽에 있는 윈드월드 열도의 네덜란드 소유인 토바고섬으로 갔다. 그리고 다시 네덜란드로 돌아와 1636년 의학 공부를 마쳤다.

마침내 그는 1636년 9월 25일, 부인, 세 자녀와 함께 미국 동부의 뉴네덜란드로 건너갔다. 그는 의학 공부를 했지만, 프랑스어, 네덜란드어는 물론 라틴어, 영어, 인도어까지 구사할 수 있는 재원이었다. 이 덕에 그는 아메리카의 뉴암스테르담에 정착하자마자 지도자가 되었다. 이 뉴암스테르담은 지금의 뉴욕을 말한다. 그는 그곳에서 즉각 병원을 개업했다. 거기다 담배 농장까지 맡았다. 1640년부터 16년 동안 맨해튼 섬 군대의 사령관을 지내기도 했다. 인디언들과의 협상에서도 중요한 역할을 했다. 몽타뉴는 1656년 식민지의 부책임자로 지명되었다. 프랑스 출신의 위그노로 네덜란드는 물론 미국에까지 탐험, 의학, 건국에 지대한 공헌을 했다.

일부 위그노들은 네덜란드 동인도 회사의 후원을 받아 남아프리카의 희망봉에 정착했다. 이 지역에 최초로 정착을 시작한 유럽인들은 17세기 얀 판 리베이크를 따라온 네덜란드 동인도 회사 소속의 네덜란드인들이었다. 이들은 대다수가 칼뱅주의자들이었고, 그중 상당수는 프랑스 출신의 위그노들이었다. 이들은 포도 재배법, 포도주 양조법 등의 기술을 가져와 남아공에 전수했다. 얀 판 리베이크와 그의 일행이 처음으로 남아공 땅을 밟은 것은 1652년 4월 6일이었다. 초기에는 케이프타운의 혹독한 기후와 적은 인구 때문에 어려움을 겪었지만 굳건한 신앙으로 헤쳐나갔다. 이들의 노력으로 남아공 식민지의 규모는 점점 확대되어 갔다.

위그노, 세계 곳곳에 프랑스의 실상을 알리다

위그노들은 정치적으로 반(反)프랑스였다. 루이 14세의 강권 정치와 위그노에 대한 극심한 박해는 그럴 수밖에 없도록 만들었다. 위그노들은 암스테르담 등 네덜란드의 주요 도시에서 루이 14세에 대한 팸플릿이나 풍자, 캐리커처를 만들어 전 세계에 알렸다. 당시 네덜란드는 국제적인 국가로 변모해 가고 있었다. 이들의 풍자나 비판은 네덜란드의 모든 신문에 게재되었다. 루이 14세는 어느새 '하나님의 골칫거리'로 국제 사회에 회자되고 있었다.

루이 14세에 대한 비판뿐만 아니라 프랑스에서 고통받는 위그노 형제들의 실상을 알리는 것도 디아스포라 위그노들의 중요한 역할이었다. 네덜란드 교회들은 약 360명의 위그노 목회자들을 사역자로 받아주었다. 그중에서도 프랑스 님므 출신의 위그노 목사 자크 슈랭은 탁월한 설교자였다. 그는 능력 있는 설교를 통해 위그노들뿐만 아니라 지치고 상한 네덜란드의 영혼들을 일깨웠다. 프랑스 스당 출신의 쥐리오 목사는 일찍이 로테르담의 신학 교수로 임명되었다. 그는 개신교 신앙을 지지하는 69편의 목회서신을 통해 네덜란드가 개혁주의 신앙에 든든히 서는 데 이바지했다.

헤이그 교회에 소속되었던 파리 출신의 장 클로드 목사는 『프랑스 왕국 안에서 잔인하게 고통당하는 개신교도들의 신음』이라는 책을 저술해 프랑스 위그노들의 실상을 알렸다. 헤이그 교회는 변호사이자 위그노들의 교회인 광야교회 목사였던 끌로드 브르쏭이 담당하고 있었다. 그는 프랑스에 복음을 전파하기 위해 최후의 여행을 하던 중에 체포되어서 1698년에 몽펠리에 광장에서 팔다리를 수레바퀴에 묶어 죽이는 형벌인 차형을 받아 순교했다.

프랑스 루앙 출신의 삐에르 바랭은 모자 제조업자로 로테르담으로 도망갔다. 바랭은 낭트 칙령 폐지 이후 프랑스의 상황을 이렇게 전했다. "지옥에서 온 사탄도 프랑스 지도자들처럼 잔인할 수는 없을 거다. 그들은 그 누구도 프랑스를 떠나지 못하도록 한다. 그들은 또한 그 누구도 순교하게 내버려 두지 않으려 한다. 왜냐하면 프랑스 왕 루이 14세의 명령에 따라 모든 사람이 종교를 바꿔 미사에 참여하는 일에 혈안이 되어 있기 때문이다."

바랭은 그의 프랑스 형제들에게 "신실한 개신교인들에게 유일한 해결책은 바빌론을 떠나 망명하는 것"이라고 전했다. 그만큼 그는 참된 신앙을 굳건히 견지하고 있었다. 나중에 일부 개신교인들이 네덜란드의 자본주의에 쉽게 물들어가는 모습을 보며 다음과 같이 개탄하기도 했다. "오 하나님, 순교를 기쁘게 감내해 낸 사람들이 바알 앞에 집단으로 무릎 꿇는 걸 보는 것은 얼마나 개탄스러운 일입니까?"

네덜란드로 건너간 위그노들은 높은 교육 수준과 앞선 기술로 네덜란드의 산업발전을 견인했다. 1602년 세계 최초의 증권거래소가 암스테르담에 세워진 것도 그런 배경에서다. 거기다 무역중개소, 환전 은행, 각국 공관 대사관, 전쟁 준비를 위한 공장이 네덜란드의 주요 도시마다 빼곡히 들어섰다. 개신교의 금욕적 윤리와 근면과 성실로 무장한 그들의 삶은 네덜란드에서 자본주의를 활짝 꽃피게 했다.

하지만 피에르 바랭이 한탄한 것처럼 거대한 부와 번영 앞에 위그노의 개혁신앙은 속절없이 무너져 갔다. 당시 종교개혁을 지지하고 있던 화가 피테르 브뤼겔도 그림을 통해 가톨릭의 부패와 함께 종교개혁가들의 타협과 굴종을 예리하게 비판했다. 그는 종교개혁의 소중한 정신을 끝없이 현실 속에서 실천해 나가야 함을 역설했다. 자본의 노예가 된 현실, 천국은 죽어서 가는 게 아니라 이 땅에서 구체적으로 실천하며 이뤄가는 것, 가톨릭과 군주들의 억압과 핍박을 비웃는 것 등을 '바벨탑', '교수대 위의 까치' 등 다양한 그림을 통해 보여주었다. 브뤼겔의 강력한 종교개혁 사상은 네덜란드의 인문주의자 에라스무스가 라틴어로 번역한 신약성경을 읽었기 때문이라고 전해진다. 그는 자신의 종교개혁을 위한 그림 때문에 생명이 위태할 지경에 이르렀지만, 종교개혁 사상만큼은 끝까지 견지했다. 그의 그림은 당시의 위그노나 개신교인들뿐만 아니라 오늘날 우리 크리스천들에게도 "복음을 따라 제대로 살고 있는가?"라는 묵직한 질문을 던지고 있다.

위그노의 열망을 한 몸에 지녔던 윌리엄 3세

네덜란드의 위그노 하면 빠뜨릴 수 없는 인물이 윌리엄 3세다. 그는 네덜란드의 국부로 존경받는 윌리엄 1세의 손자다. 윌리엄 1세는 40세 때인 1573년 칼뱅의 종교개혁 사상을 받아들였다. 부인은 성 바돌로매 축일 대학살 때 사망한 위그노 지도자 드 콜리니 제독의 딸 루이스 드 콜리니다. 윌리엄 3세가 어릴 적부터 칼뱅주의 설교가인 코네리스 트리글랜드에게서 교육을 받았던 배경이다. 그는 이 교육을 통해 자신이 종교개혁을 위한 하나님 섭리의 도구이자 오랑주 가문의 역사적 운명을 완수하는 사명을 부여받았다고 여겼다. 이 때문에 그는 유럽의 위그노들로부터 절대적인 지지를 한 몸에 받고 있었다.

  1677년 11월 잉글랜드 제임스 스튜어트 왕의 딸 메리와 결혼한 뒤부터는 가톨릭교도인 제임스 왕이 물러나야 한다고 믿었다. 제임스 왕의 친 가톨릭 종교정책을 인정할 수 없다는 공개 서신을 잉글랜드에 보내기도 했다. 그러자 가톨릭을 반대하는 영국의 많은 정치인은 윌리엄과의 비밀 접촉을 통해 영국을 침공해서 제임스 왕 대신 왕관을 써 달라고 요청하기도 했다. 하지만 윌리엄은 처음엔 이 같은 요청을 거절했다. 당시 네덜란드의 윌리엄 3세와 프랑스의 루이 14세는 서로를 향해 "유럽을 지배할 야욕을 품은 자", "전쟁광"으로 부르며 적대시했다. 1685년 루이 14세가 낭트 칙령을 폐지하자 유럽에서는 강력한 반(反)프랑스 동맹이 맺어졌다.

  영국인들의 요청, 위그노들의 열망을 거부할 수 없었던 윌리엄은 마침내 1688년 11월 5일 잉글랜드 브릭스햄 항구에 도착했다. 그가 이끌고 온 463척의 전함엔 4만 명의 군인들이 타고 있었다. 군인들은 선원 9,500명에 1만 1,000명의 보병, 4,000명의 기마부대, 5,000명의 영국과 위그노 자원자 등으로 구성됐다. 이는 당시 세계 최강이라는 스페인 함대보다 훨씬 규모가 큰 것이었다. 윌리엄은 "영국과 개신교 종교의 자유는 내가 지킨다"라고 선포했다. 이 거대한 군대 앞에서 잉글랜드의 제임스 지지자들은 이내 전의를 상실하고 말았다. 제임스는 저항과 협상을 번갈아 시도하다가 12월 11일 프랑스로의 탈출을 시도했다. 하지만 어부들에게 붙잡혀 런던으로 끌려왔다가 12월 23일 프랑스 추방 결정이 내려졌다. 윌리엄은 그가 가톨릭의 순교자가 되는 걸 원치 않았다. 이렇게 해서 무혈혁명, 즉 명예혁명을 이뤄냈다.

윌리엄은 영국 의회를 소집해 제임스의 후계 문제를 논의했다. 영국의 토리 귀족들은 왕의 혈족인 메리만이 왕이 될 수 있다고 주장했다. 그러자 윌리엄은 즉각 잉글랜드를 떠나겠다고 위협했다. 메리는 결국 남편 윌리엄을 따르기로 하고 스스로 여왕이 되는 걸 포기했다. 당시 영국 의회에서 상원은 토리가 다수였고, 하원은 휘그가 다수였다. 하원에서는 개신교인이 왕이 되어야 한다고 주장했다. 결국 상원과 하원 협의를 거쳐 1689년 2월 13일에 의회는 이 같은 내용의 법안을 통과시켰다. 이것이 명예혁명이다. 탈출을 시도한 제임스로 인해 왕위 자리가 비었고, 따라서 왕위는 제임스의 자녀가 아닌 윌리엄과 메리에게 공동으로 돌아간다고 선언한 것이다. 이렇게 해서 1689년 4월 11일 윌리엄과 메리는 웨스트민스터 사원에서 함께 왕관을 썼다. 윌리엄이 네덜란드 총독은 물론 잉글랜드와 스코틀랜드·아일랜드의 국왕으로 공식 등극한 것이다.

윌리엄은 1689년 프로테스탄트 독립주의자들에 대한 종교적 관용법에도 힘을 써 시민들의 권리와 차기 왕권을 규정한 권리장전을 통과시켰다. 이 권리장전은 1713년 체결된 위트레흐트 평화조약과 함께 유럽의 힘의 균형과 평화를 가져왔고, 이는 오늘날 유럽통합의 정신이 되었다. 또한 의회 선거의 자유, 국민 청원권 보장, 의회의 동의 없는 법률의 적용·집행·정지의 금지, 의회 동의 없는 과세 및 상비군 금지, 로마 가톨릭교도의 왕위계승 반대를 담은 권리장전은 1775년 영국 식민지였던 미국이 독립전쟁을 일으키는 힘이 되었고, 오늘날 민주주의의 모범으로 제시되고 있다.

이처럼 윌리엄 3세가 당당하게 영국 입성을 통해 무혈혁명을 완성할 수 있었던 데는 반(反) 루이 14세의 전선에서 개신교 신앙을 지키려던 위그노 군인들이 자리하고 있다. 그중에서도 뒤몽 드 보스따케는 가장 많은 위그노를 거느리고 윌리엄 3세의 영국 입성에 동행했다. 이처럼 위그노는 산업의 발전은 물론 개신교 신앙을 지키고 국제 정세를 바꾸는 데도 결정적인 역할을 했다.

6. 스위스 시계 산업을 꽃피우다

　루이 14세의 퐁텐블로 칙령을 전후한 1680~1690년 동안 프랑스를 떠나 스위스로 넘어간 위그노는 14~16만 명가량으로 추정된다. 물론 이들의 대부분은 스위스를 경유해 독일 등 유럽의 다른 나라로 향했다. 그중 약 2만 2,000명의 위그노는 프랑스어를 사용할 수 있는 스위스의 베른, 바젤, 취리히, 샤프하우젠 등에 거주했다. 로잔 등 보(Vaud) 주의 주요 도시들은 많은 위그노의 피난처가 되었다. 특히 로잔은 위그노들을 형제로서 따뜻하게 받아들였다. 그 도시는 프랑스 신학교도 허용했다.
　박해 동안에 로잔에서는 400여 명의 광야교회 목사를 양성했다. 그들 가운데 상당수는 순교자가 되었다. 뇌샤텔, 베른,

취리히에서도 감동적으로 그들을 영접했다. 베른에서는 군인들이 위그노들을 마차로 태워서 그 도시에서 가장 좋은 호텔에 투숙시켰다. 그리고 그 비용은 베른 당국이 감당했다. 스위스는 최소 6만 명의 난민들에게 피난처가 되었다. 그들 중 상당수는 스위스를 거쳐 독일, 네덜란드로 다시 건너갔다. 2만 명 정도가 스위스에 정착했다. 1689년 로잔 인구의 약 20%가 난민들이었다.

빼앗기고 굶주린 위그노들을 받아준 제네바

사보아의 백작은 팽창주의를 추구하는 프랑스의 루이 14세에 맞서 잉글랜드, 네덜란드, 신성로마제국, 스페인, 사보아 공국이 결합한 아우크스부르크 동맹 전쟁에 참여한 후, 개혁교회 예배를 재조직했고 위그노들이 피에몬테 지역에 계속 머물도록 했다. 이곳은 12세기에 시작된 왈도파의 거점이었다. 하지만 1698년 사보아 공국의 백작은 2,000명의 위그노 난민들을 쫓아버렸다. 루이 14세와의 계약에 따른 어쩔 수 없는 조치였다.

스위스는 가난한 위그노들을 기꺼이 받아줬다. 가난한 위그노들은 세벤느와 도핀으로부터 도보로 스위스에 도착했다. 그들은 오직 신앙의 자유를 찾아 모든 것을 빼앗긴 채, 굶어 죽어가면서도 자신들의 지친 아이들을 이끌고 왔다. 제네바에서는 1만 6,000명의 시민이 4,000명의 난민을 돌봤다. 난민들이 묵을 수 있는 숙소가 부족해 방 하나에 20명까지 수용하기도 했다. 위그노 난민들은 제네바 시민들의 호의에 대해 이렇게 증언했다. "그들은 기꺼이 자신의 집 벽을 밀어낼 수도 있다고 생각했다. 그만큼 그들은 우리에게 숙박을 제공하는 일에 익숙했고 친절했다." 가장 가난한 위그노들을 영접하고 돌본 스위스는 오늘날 가장 부유한 나라가 되었다. 현재 시옹, 로잔, 뇌샤텔, 제네바, 들레몽, 베른 같은 스위스 내 프랑스어권 도시에서 프랑스 이름을 가진 사람들은 대부분 위그노를 조상으로 하고 있다. 뇌샤텔의 예배당에 세워진 기념비에는 위그노들의 감동적인 신앙심을 설명하는 다음과 같은 구절이 새겨져 있다. "Dieu en tout, en Dieu tout"(모든 것 안에 하나님이 계시고, 하나님 안에 모든 것이 있다) 그들은 모든 것들 안에서 하나님을 찾았다. 그들은 하나님 안에서 모든 것을 발견할 수 있었다.

그렇다고 프랑스가 순순히 위그노들의 탈출을 허락해 준 것은 아니었다. 위그노들은 합법적인 탈출을 프랑스 당국에 요구했지만, 그때마다 당국은 철저하게 탈출을 봉쇄했다. 위그노들에게 탈출은 목숨을 담보하는 일이었다. 따라서 탈출은 한밤중에, 그것도 사람이 다니지 않는 절벽, 강 등 위험한 지형을 통해 할 수밖에 없었다. 론강 주위에 있는 마을들, 즉 샹시, 아빌리, 카티니의 주민들은 빙퇴석 기슭에 정박한 배를 가지고 도망자들을 기다려 주었다. 그들은 위그노들에게 불을 피워 탈출 신호를 알렸다. 주민들과 도망자들은 강 건너편에 도착한 뒤 놀라움과 기쁨을 감추지 못한 채 구원의 노래를 불렀다.

프랑스와 스위스의 경계를 이루는 쥐라산맥의 숲, 생 쎄르그 고개, 모르쥬 호숫가에서는 스위스의 나무꾼과 목동들이 난민들의 탈출을 도왔다. 그들은 지쳐서 쓰러지기 직전인 프랑스의 고아, 과부, 병자들을 돌봐주었다. 강도 만난 사마리아인을 정성껏 돌봐준 선한 사마리아 사람은 성경에만 있는 게 아니었다. 부유한 지역주민들은 마차를 제공해서 병자와 노인, 아이들을 실어날랐다.

스위스를 위해 싸운 뒤케인 장군

스위스로 간 귀족 난민 중에 아브라함 뒤케인은 특별한 경우다. 그는 1608년 프랑스 북부 해안 디에쁘의 선주(船主) 집안에서 태어났다. 그는 17세에 이미 배의 선장이 되었다. 프랑스 해군에 입대해 30년 전쟁 기간에 해군 작전에 참여해 선장이 되었다. 1644년에 스웨덴의 해군 부제독으로 복무하며 페멤 전투에서 덴마크 군대를 섬멸했다.

1647년 뒤케인이 다시 프랑스로 돌아왔을 때 루이 14세의 섭정이었던 마자랭은 그에게 함대 사령관 직위를 주었다. 1667년엔 해군 중장이 되었다. 그는 1676년 지중해의 아고스타에서 스페인과 네덜란드 연합함대를 무찌르는 등 많은 전투에서 혁혁한 공을 세웠다. 철두철미한 프로테스탄티즘의 신봉자인 그를 시기하고 미워하는 사람들도 많았다. 하지만 루이 14세와 그의 재무장관 콜베르는 뒤케인을 보호했다. 루이 14세는 그에게 후작 지위도 주었다. 그만큼 루이 14세에겐 없어선 안 될 장군이었다. 낭트 칙령 폐지 후에도 뒤케인에게만은 개혁신앙을 포기하지 않아도 프랑스에 머무를 수 있다는 특혜를 부여했다. 반면, 다른 모든 개신교 해군 장교들은 신앙을 포기하거나 이민을 떠나야 했다.

심지어 뒤케인의 부인은 재산을 지키기 위해 개신교 신앙을 포기해야 했고, 그의 자녀들은 모두 프랑스를 떠나야 했다. 뒤케인은 1682년 2월 1일에 죽었고 자신의 영지 르부쉐에 묻혔다. 하지만 이민을 떠났던 그의 아들이 그의 뼈를 꺼내 항아리에 담아 스위스 레만호 근처의 오우본으로 가져갔다. 지금도 거기엔 뒤케인의 가족묘가 남아 있다. 개신교 신앙을 지킬 수 없었던 프랑스에서 세속적인 영광에 머물기보다는 차라리 이민자가 되더라도 개신교 신앙을 지킬 수 있는 스위스에 묻히길 바라는 신앙 때문이었을 것이다. 뒤케인 탄생 300주년 행사 때, 시인 뤼바는 이렇게 읊었다. "스위스가 그의 자랑스러운 심장을 환영했음을 우리는 아노라."

스위스는 이민자의 나라였다. 취리히와 베른 같은 곳은 독일이나 네덜란드, 영국으로 가는 경로이기도 했다. 17세기 당시 스위스는 13개 지역의 연합 공국이었다. 하지만 유럽을 강타한 신·구교의 종교갈등은 스위스를 두 개의 땅으로 갈라놨다. 이민자들의 유입은 이러한 갈등과 긴장을 더욱 촉발했다. 가뜩이나 힘겨운 경제를 더욱 위태롭게도 했다. 늘어나는 부랑자들과 재정적 부담의 증대는 가난한 자들에 대한 기부를 책임지고 있던 시민들에게 이들을 계속 돕다가는 자신들도 더불어 빈곤해질지 모른다는 두려움을 주었다. 따라서 이민자들은 스위스를 떠나 독일로 향하는 경우가 많았다.

낭트 칙령 폐지 이후 많은 이들이 스위스로 왔다. 이들의 주요 루트는 제네바 호수를 출발해 라인강에 이르는 길이었다.

이 라인강으로 가는 길은 제네바를 경유해야 했고, 따라서 제네바는 인구가 엄청나게 불어 나중엔 이민자들의 거처가 되었다. 이들에겐 공공 하우스가 제공되었다. 호스텔의 경우 지역 유지들이 비용을 지불했다. 교통 약자들을 위해서는 배나 마차가 제공되었다. 보(Vaud)주의 병원 네트워크도 난민들을 위해 개방됐다. 집, 음식, 돌봄이 난민들을 위해 보장됐다. 난민들은 한 지역을 경유해 다른 지역에 갈 때도 집, 음식, 건강 등을 위한 보장을 요청할 수 있었다. 이 같은 수송의 편리함은 그들을 장기간 한 곳에 체류하게 하기보다는 빨리 이동시키기 위한 목적도 있었다.

프랑스에서 온 이들 난민은 대부분 2주 또는 길게는 1~2개월 정도 스위스에 머물기를 희망했다. 왜냐하면 이들은 프랑스에서 개신교의 지위가 회복되면 곧 돌아갈 것으로 생각했기 때문이다. 프랑스에 관한 정보를 기다리려면 먼 곳보다는 가까운 곳인 스위스의 제네바에 있는 게 안전하다고 판단했을 것이다. 하지만 거처가 없는 난민들은 계속 이동해야 했다. 이동은 위그노들을 더욱 가난하게 만들었다. 스위스 당국은 이들 난민이 유랑하거나 배회하는 걸 막으려 했지만, 너무 숫자가 많아 역부족이었다.

난민, 자립, 갈등

소수의 사람만이 이동이 아닌 영주를 택할 수 있었다. 바로 경제 활동을 하는, 특히 공장을 세울 수 있는 위그노들이었다. 스위스 당국은 그런 자들에게만 거주민이라는 특별한 지위를 허락했다. 물론 그렇다고 정치적 권리까지 부여하진 않았다. 베른은 1691년 한 해에만 자신들의 수입의 5분의 1을 난민들을 돕는데 사용했다. 베른 당국은 이들 난민을 위해 새로운 행정 조직을 만들었다. 가장 중요한 건 1683년에 설립한 난민협회였다. 이곳은 난민이 제기한 모든 문제를 규율하는 기구였다. 이 기구는 정부가 감독했고 1789년까지 강제 기구로 남아 있었다. 그 주요 활동은 모금을 조직하고 기금을 관리하는 것이었다.

소금위원회란 것도 있었다. 이것은 모금된 재정을 위한 담보 은행이었다. 이 은행은 스위스의 복음적인 교회들이 난민들을 돕는데 나눠주기로 동의한 돈을 관리했다. 이 기구는 또 난민 보호를 조직하고 난민들의 다음 행선지를 정하는 일도 도왔다. 상업협회는 지역 산업을 보호, 개발하고, 프랑스 난민들을 접촉하며 새로운 제조 기술을 촉진할 뿐만 아니라 품질을 점검하기 위한 것이었다.

궁극적으로 난민들에 대한 도움은 자선기금에 기초한 것이었다. 그것은 베른에서 엄격하게 관리했다. 베른은 모든 사람의 참여를 명령했고, 이를 통해 재정적인 부족을 보완할 수 있었다. 그 노력은 엄청난 것이었다. 스위스의 개신교 주들은 1551년 가톨릭 주들과의 관계 악화를 우려해서 위그노들을 받되 거주자가 아닌 통과자들만 받기로 했다. 이는 점점 악화되는 정치적, 경제적 상황 때문이었다. 주식인 밀 생산의 부족으로 스위스의 부담은 더욱 가중되고 있었다. 난민들의 유입으로 집단 학살, 전문직 간의 경쟁도 심각한 사회 문제로 대두되고 있었다. 심지어 스위스의 개신교 목사들은 위그노 목사들의 증가로 자신들의 일자리를 잃을지도 모른다고 걱정했다.

그러자 1694년, 베른이 칼을 빼 들었다. 모든 난민은 베른을 떠날 것을 명령한 것이다. 그들은 난민들을 독일, 네덜란드, 잉글랜드로 내보냈다. 이 문제로 영국 특사가 스위스로 파견돼 조정 절차를 거친 뒤 몇몇 위그노는 다시 스위스에 머물 수 있었다. 하지만 17세기가 다 저물어 가는 데도 이 문제는 제대로 해결되지 않았다. 베른은 모든 영내에서 이민자들을 추방한다는 결정을 내렸다. 아울러 다른 도시들에도 난민 추방에 협조할 것을 주문했다. 그러자 브란덴부르크도 동조했다. 난민들의 유입으로 '스위스의 병원'이 되는 걸 원치 않는다는 것이었다. 1699년 1월, 베른은 더 강화된 법을 공표했다. 모든 난민은 떠날 채비를 하라는 것이었다. 하지만 18세기의 시작과 함께 상황은 갑자기 반전됐다. 남아 있는 사람들은 자연스럽게 스위스 국민과 동일한 대우를 받을 수 있도록 제도가 바뀌어버린 것이다.

위그노 난민들은 서로를 도와 프랑스 공제회를 만들기도 했다. 이는 로잔이 제공한 것 중에 가장 큰 것이었다. 이 공제회는 물질적 도움에 국한되지 않았다. 그것은 프랑스 왕에 대한 청원 같은 외교 활동, 프랑스의 개신교 왕자들과의 접촉, 그리고 지역사회를 위한 조직을 만들어 주민들과의 관계를 촉진했다. 그들은 심지어 아일랜드의 이민도 추진했다.

그렇다면 위그노들이 스위스에 이바지한 점은 무엇일까. 1551~1600년까지 1차 위그노 유입 기간에 위그노들은 제네바, 취리히, 바젤에서 금세공업, 시계 제작, 면직산업을 일으켰다. 또한 실업률과 가난을 낮췄다. 하지만 퐁텐블로 칙령 후 2차 유입 기간엔 분위기가 확 바뀌었다. 베른 같은 도시에서는 위그노에 대한 보호주의 정책이 서서히 폐기되어 갔다. 그에 따라 위그노 사업가들은 자본의 부족을 겪어야 했고, 루이 14세의 완강한 태도와도 맞서야 했다.

제네바의 상황은 특별했다. 1615년 5월 21일 제네바의 개신교 총회에서 개혁주의가 정식으로 채택되었다. 칼뱅은 프랑스의 박해를 피해 1536~1538년, 그리고 1541년부터 말년인 1564년까지 제네바에서 종교개혁을 실천했다. 칼뱅의 교리와 그가 만든 종교적 규칙과 조직은 제네바에 절대적 영향력을 행사했다. 제네바가 '개신교의 로마'라 불린 이유다.

1572년 8월 프랑스에서 첫 번째 위그노 박해인 성 바돌로매 축일 대학살이 일어났을 때, 많은 난민이 제네바로 유입됐다. 따라서 그곳은 프랑스어를 말하는 일종의 종교개혁 수도였다. 도시의 당국자들은 위그노들에게 특별한 혜택을 제공했다. 위그노들은 정치적 권리는 없었지만, 그 자녀들은 제네바의 주민으로 인정받았다. 지금으로 치면 위그노의 자녀들에겐 시민권이 주어졌던 셈이다. 난민은 누구나 '거룩한 복음에 따라서 여기에서 살기를 희망한다'라고 글로 써서 선포하면 거주를 허락받았다.

제네바에서 출판, 면직, 시계 제조, 금세공 산업을 일으키다

많은 이들이 제네바를 경유해 베른, 바젤을 거쳐 독일로 건너갔다. 하지만 일부는 제네바에 그대로 남았다. 그들은 제네바에서 거주권을 얻거나 부르주아가 되었다. 이들은 제네바의 경제에 큰 도움을 주었다. 프랑스 출신의 화가 로베르 에스티엔도 그런 경우다. 그는 화가이자 인쇄·출판업자로 가톨릭에서 개신교로 개종했다. 성경 주석을 발간했는데, 가톨릭 신학자들은 에스티엔의 작품을 끊임없이 검열했다. 결국 그와 그의 가족들은 신학자들의 검열을 피해 제네바로 피신했고 거기서 인쇄·출판업을 계속할 수 있었다. 특히 성경과 칼뱅의 저서들을 많이 출판했다. 1556년 그는 제네바 시민권을 얻었고, 1559년 9월 7일 제네바에 묻혔다. 그의 자녀들이 인쇄소와 출판사를 계속 이어갔다.

제네바는 작은 도시지만, 문화와 경제의 중심지로 유명해진 곳이다. 16세기 제네바의 출판은 전적으로 프랑스에서 건너온 것이었다. 출판은 제네바에서 산업으로 활짝 꽃을 피웠다. 면직뿐만 아니라 시계 제조와 금세공 산업도 제네바에서 크게 발전했다. 약 5,000명의 프랑스 난민이 유입됐지만 낭트 칙령이 반포된 후 3,000명이 프랑스로 되돌아갔다. 프랑스에서도 이제 종교의 자유를 누릴 수 있다고 생각했기 때문이다.

1660~1720년은 위그노 난민들의 두 번째 유입 시기라 할 수 있다. 낭트 칙령 폐지 직전에 시작되었다. 제네바는 자유도시

로서 개신교 주들과 연결되어 있었다. 하지만 제네바는 사보이 공국의 백작과 프랑스 왕에 속한 영지에 둘러싸여 있었다. 따라서 언제든 프랑스의 공격을 받을 수 있는 위치였다. 루이 14세는 퐁텐블로 칙령 이전인 1679년부터 제네바를 프랑스의 통제 아래 두었다. 퐁텐블로 칙령을 전후한 1680~1689년 사이, 제네바는 약 3만 명의 위그노 난민들을 받아들였다. 이들이 제네바에서 개혁주의 책들을 가지고 다시 프랑스로 몰래 들어가기도 했다. 프랑스를 떠난 일부 위그노들이 먼저 제네바로 향했지만, 제네바를 비롯한 스위스의 도시들은 그렇게 많은 사람을 감당할 수는 없었다. 결국 시계 제조업에 종사하는 일부만이 제네바에 머물 수 있었다. 17세기 말, 스위스는 밀 부족, 궁핍, 실업으로 경제 상황이 심각했기 때문이다.

그럼에도 스위스는 진작부터 제네바와 뇌샤텔에 거주하고 있던 프랑스어 사용 개신교도와 종교적 이유로 프랑스를 떠나야 했던 많은 난민이 선택한 목적지였음은 분명하다. 숙련된 기술을 가진 이민자들은 시계 제조를 포함해 스위스 산업에 커다란 자극을 주었다.

스위스 시계 산업을 꽃피우다

당시 제네바는 종교개혁가 칼뱅의 지도 아래서 종교개혁의 도시로 거듭나고 있었다. 위그노들이 다른 도시보다 제네바로 몰렸던 이유이기도 하다. 제네바는 보석 가공업, 요즘 말로 하면 쥬얼리 산업이 이미 발달해 있었다. 하지만 칼뱅은 금욕과 청빈을 강조했다. 제네바 시민들에게 보석 착용 금지령을 내렸다. 제네바에서 보석업이 몰락한 것이다. 아울러 보석업과 관련된 금세공 직업도 몰락을 가져왔다. 대신 이들은 당시 유행하던 시계 제조업으로 차츰 직업을 바꿔갔다. 보석 가공업자나 금세공업자들은 기술과 디자인에서 뛰어난 장인들이었다. 이 기술이 시계 제작과 결합되면서 스위스는 오늘날처럼 기술과 디자인에서 뛰어난 시계 제조 국가로 명성을 얻을 수 있게 되었다.

17세기 제네바에서 규제가 점차 완화되자 시민들은 다시 보석을 착용할 수 있었다. 제네바는 전통적으로 디자인이 발달된 도시답게 시계에 디자인을 가미한 도시로 탈바꿈했다. 제네바에서 생산된 스위스 시계는 기술과 품질뿐만 아니라 디자인으로도 명성을 얻었다. 물론, 훌륭한 명성에도 불구하고 스위스 시계는 대중성은 없었다. 당시 잉글랜드가 대중화된 시계 산업의 선두주자였다. 그 즈음에 잉글랜드에서는 주머니 시계가 아주 인기가 있었고, 그 때문에 조끼가 유행하기도 했다. 이러한 인기 때문에, 시계 개발에 더 많은 시간과 노력이 투여됐다. 로버트 후크가 발명한 치아 자르는 기계를 포함한 제조업의 발달은 새로운 시계 발명과 시계 생산량의 엄청난 증대를 가져왔다.

잉글랜드가 기술 혁신을 주도하는 동안 스위스에서도 시계 산업이 점점 번창해 갔다. 시계 산업은 쥐라산맥을 넘어 확산하여 갔다. 지금도 쥐라산맥 근처는 스위스 시계 산업의 번창 지역이다. 이러한 시계 산업의 엄청난 혁신에는 16세기 위그노전쟁을 피해서 스위스로 왔던 위그노의 후손 다니엘 장리차드의 공이 크다. 그는 금세공으로 시계 산업에 처음으로 노동분업을 적용한 사람이다. 이 분업을 통해 효율을 높이고 표준을 만들어 시계 생산의 양과 질을 동시에 높일 수 있었다. 1790년 말까지 제네바는 연간 6만 개 이상의 시계를 수출하고 있었다. 오늘날 장리차드는 스위스 뇌샤텔 주에서 '시계 산업의 아버지'로 평가받고 있다.

그다음 몇 년간 더 큰 혁신이 이어졌다. 아브라함 루이 페레레는 1770년에 '영구 시계'를 발명했다. 오늘날 자명종 시계의 효시다. 아드리앙 필립프는 'Paket Philippe'라는 브랜드를 만든 사람이다. 그는 목걸이 시계를 발명했다.

1760년, 프랑스의 시계제조업자 장 앙트안느 레핀은 '레핀 구경'이라고 알려진 평형 구경을 발명했다. 이 구경은 더 작고, 더 얇은 주머니 시계의 발명을 가져왔다. 레핀은 루이 16세, 그리고 나폴레옹 보나파르트에게 시계를 제조해 주는 업자였다. 하지만 그의 발명 기술은 스위스로 건너와 시계 제조업의 실제 집단이 형성되게 했고, 스위스 시계 산업을 지배하도록 영향을 미쳤다. 이는 프랑스의 시계 산업을 거의 무너뜨리는 결과를 가져왔다.

1800년 초, 레핀의 평형 구경은 프랑스 시계제조업자인 프레데릭 재피에 의해 공장 생산에 적용되었다. 대량생산을 위한 더 나은 기술이 적용됨에 따라 스위스 시계제조업자들은 경쟁자들보다 더 많은 양의 시계를 생산할 수 있었다. 하지만 이 같은 대량생산 기술은 스위스에서는 채택되었지만, 프랑스에서는 완전히 배제되었다. 영국과 프랑스의 시계제조업자들은 대량 생산된 스위스의 시계 산업과 양이나 가격 모든 면에서 경쟁할 수가 없었다. 1800년대 말엔 영국의 시계 산업이 거의 무너지고 말았다. 프랑스에서는 소규모 개인업자들이 품질 높은 프랑스 시계를 생산하며 명맥을 이어갔다.

스위스에서 시계 산업이 발전한 것은 유럽의 이웃 국가들과는 완전히 다른 방법이었다. 몽블랑의 CEO였던 제롬 랑베르는 스위스 시계 산업이 발전한 방식은 스위스가 국가로 자연스럽게 확장해간 것과 같은 식이었다고 평가한다.

"국가로서 스위스는 중앙집중이 아닌 분산된 나라였다. 모든 계곡엔 다이내믹하고 작은 도시 중심의 소유자나 조직이 있었다. 이것은 전통적인 시계 제작 방식이기도 했다. 그것은 잉글랜드, 독일 또는 프랑스와는 달랐다. 왜냐하면 그 국가들은 큰 도시에 집중되어 있었기 때문이다."

스위스 시계 제조업체들은 '에타블리사쥬(établissage, 제조 방식)'이라고 불리는 시계 제조공정을 사용했다. 이는 그 어떤 경쟁사들보다 더 빨리 시계를 제조할 수 있게 했다. 수용, 조사, 재고, 조립, 타이밍, 다이얼 맞추기, 마지막 조사 등으로 구성되는 공정이었다. 이는 시계의 각기 다른 부분은 각기 다른 장소에서 제작되고, 그 사람 다음 제작자가 마지막 완제품을 만드는 것을 뜻한다. 오늘날도 스위스 시계가 기술이나 디자인의 탁월함에 비해 상대적으로 가격이 저렴한 이유이기도 하다. 오늘날은 시계의 각기 다른 부분을 동아시아 국가에서 만들고 스위스에서 조립하는 공정을 거친다. 이 시스템을 이용함으로써 스위스의 시계 제조는 놀라운 방식으로 발전했다. 1800년대 스위스와 잉글랜드는 각각 20만 개의 시계를 생산했는데, 1850년에는 스위스가 220만 개를 생산할 수 있었다. 같은 시기 잉글랜드의 시계 제조는 20만 개 이하로 떨어졌다.

1800년대 중반, 많은 프랑스 시계공장들이 품질과 가격 저하로 무너져 갔지만, 제네바 시계는 계속 명맥을 살려오다가 신기술이 결합되면서 오늘날 세계적 명성을 얻고 있는 '스위스 시계'로 이어지고 있다. 거기엔 종교적 핍박을 피해 건너온 위그노들이 가져온 시계 제조 기술이 있었다.

7. 미국 건국의 기둥이 되다

위그노는 미국의 독립과 건국에도 혁혁한 공을 세웠다. 이들은 가톨릭의 핍박을 피해 프랑스에서 직접 뉴잉글랜드로 가거나 영국, 네덜란드, 스위스를 경유해 미국으로 건너갔다. 미국은 독립 이전까지 영국의 식민지였기 때문에 뉴잉글랜드라고 불렀다. 위그노들의 이주와 정착의 공통된 특징은 집단으로 이주했고 이주할 땐 반드시 목사를 대동했다는 것이다. 그리고 새로운 정착지에서는 반드시 교회를 중심으로 공동체를 이루었다는 점이다.

1620년 11월, 신앙의 자유를 찾아 플리머스에 도착한 메이플라워호에도 위그노들이 있었다. 이들은 주로 프랑스 서부 해안의 라로셸 출신으로 매사추세츠 당국에 거주지를 달라고 청원했다. 그 결과 1662년까지 약 150가정이 매사추세츠에 거주할 수 있게 됐다. 그 당시 뉴욕에 거주했던 위그노들의 상당수는 라로셸 출신이었다. 1624년 포레스트(Jesse de Forest)는 프랑스에서 출발해 남미를 여행한 후 뉴암스테르담에 도착했다. 1685년에는 사우스캐롤라이나의 찰스턴엔 위그노 공동체가 만들어졌다. 찰스턴은 미국에서 가장 오래되고 활발한 위그노 교회가 있는 곳이다.

신대륙에 새로운 이름을 새기다

미국에 도착한 삐에르 다일레 목사는 1688년 뉴욕에 첫 개혁교회를 세웠다. 그는 새로운 정착지에서 새로운 신앙의 새 출발을 알렸다. 이와 비슷한 시기, 위그노들은 보스턴과 뉴욕 사이에 뉴로셸(New Rochelle)이라는 도시를 건설했다. 많은 이들이 프랑스 라로셸 출신이었기 때문에 새로운 대륙에서 새로운 고향을 만든다는 취지였다.

라로셸은 위그노들이 해외로 탈출했던 대표적인 항구 도시다. 라로셸은 프랑스 서부에 있는 항구 도시로서 위그노의 가장 중요한 거점 도시였다. 1571년에 공표된 라로셸 신앙고백으로도 유명하다. 이 도시는 프랑스 당국과 가톨릭 세력에 의해서 무참히 짓밟혔다. 라로셸의 시장인 위그노 장 귀퉁이 시민들과 함께 14개월 동안 루이 13세와 재상 리슐리외가 이끄는 왕국 군에 공성전으로 맞섰지만 결국 패배했다. 이 도시가 포위되어 있을 때 철학자 르네 데카르트가 방문했다고 하며, 이 공성전은 알렉상드르 뒤마의 소설 '삼총사'의 역사적 배경이기도 하다. 루이 14세에 의해서 도시는 초토화되었고 이곳에 살던 위그노들은 탈출해 바다를 통해 미국으로 갔다. 위그노들은 학교를 세워 여성들을 교육했다. 선진적인 내용과 세련된 매너로 이 학교들은 미국 내에서 좋은 평판을 얻었다.

또한 위그노들은 사우스캐롤라이나의 찰스턴을 새로운 정착지로 삼았다. 거기서 위그노들은 고향에서처럼 포도나무를 심어 포도주를 생산하고, 뽕나무, 올리브나무를 재배했다. 이같은 농업은 작물에서도 새롭고 앞선 것이었지만 기술이나 농법 역시 선진적이었다. 이들이 도입한 농업은 미국의 농업 발전을 이끌었다.

위그노들은 미국을 새로운 조국으로 여겼다. 그래서 자신들의 이름도 영어식으로 개명하면서 새로운 땅에 적극적으로 적응해 나갔다. 대표적으로 삐에르 미누에뜨는 맨해튼 섬을 24달러에 사들였다. 프랑스 북부 피카르디 출신의 아이삭 베들로는 1652년 맨해튼의 남쪽 끝 뉴암스테르담에 발을 디뎠다. 그는 지금 자유의 여신상이 서 있는 섬을 사서 자신의 이름을 딴 베들로 섬으로 불렀다. 이후 이 섬은 1956년 미국이 이 지역을 국립공원으로 지정하기로 하면서 리버티 섬으로 바뀌어 오늘에 이르고 있다. 뉴욕 스태튼 섬(Staten Island)은 한때 '위그노 섬'으로 불리었다. 1775년 발발한 독립전쟁 기간까지 미국에 정착한 위그노는 약 2만 명으로 추산된다. 독립전쟁 발발 전까지는 약 2,000~4,000명의 위그노가 미국에 정착했다. 스페인이 신대륙을 발견한 후, 이곳에 항구적으로 정착한 최초의 유럽인은 프랑스인들이다. 해군 장교였던 장 리보우는 가장 먼저 미국에 정착한 위그노다. 그는 프랑스 위그노의 지도자였던 콜리니 제독이 선택해서 보낸 자로서 1562년 사우스캐롤라이나의 파리 섬(Parris Island)에 샤를르포(Charlesfort)라는 군사 기지를 건설하고 거기에 작은 수비대를 두었다. 사우스캐롤라이나 지역에 정착했던 위그노들은 빵을 만들기 위해서 밀 농사를 짓고, 포도주를 만들기 위해 포도를 재배하고, 자신들의 거처를 위해서 '포트 캐롤라인(Fort Caroline)'이라는 성도 건축했다. 그들은 농사와 건축에 참여한 현지 인디언들을 초청해서 식탁을 나누며 하나님께 감사 예배를 드렸다. 'Jacksonville Historical Society'의 자료에 의하면, 그때가 1564년

6월 30일이다. 거기에 이런 기록이 있다. "Nous avons chanté un psaume d'action de grâce pour remercier Dieu"(우리는 하나님께 감사드리기 위해서 감사 시편으로 찬양을 드렸다). 이것은 1620년 신앙의 자유를 찾아 신대륙에 도착한 청교도들이 이듬해 드린 추수 감사 예배보다 57년이나 앞선 것이다. 이것이 아메리카 대륙에서 드려진 최초의 추수 감사 예배다.

그리고 이듬해엔 라도니에르가 아메리카 대륙으로 건너와 요새를 건설했는데, 이것이 오늘날 플로리다의 잭슨빌이다. 항구 도시 잭슨빌은 문화, 상업, 금융의 중심지이기도 하다. 하지만 일찌감치 뉴잉글랜드에 정착하고 있던 위그노들은 당시 플로리다의 영유권을 주장하던 스페인에 의해 집단 죽임을 당하거나 쫓겨가는 비운을 겪기도 했다. 이들의 죽음에는 프랑스 당국도 일조했다. 그들은 위그노를 위험한 이단으로 여겼기에 프랑스를 탈출한 사람들까지도 노리고 있었다. 이때 죽임을 당한 위그노는 500~1,000명이 된다. 옥에 갇혔던 위그노들은 한 명씩 불려 나와 참수되었다. 이것을 '아메리카의 성 바돌로매 대학살'이라고 부르기도 한다.

아메리카를 식민 지배하고 있던 영국인들은 대부분 부유하면서도 고도의 기술을 가진 위그노들을 환영했다. 1700년엔 수백 명의 위그노가 프랑스에서 출발해 버지니아에 거주했다.

당시 아메리카 대륙을 식민지로 삼고 있던 영국 왕 윌리엄 3세는 이들에게 기꺼이 거주지를 내주었다. 1720년대엔 수많은 위그노가 뉴욕의 델라웨어, 리버밸리, 펜실베니아, 뉴저지에 거주했다.

위그노, 독립과 건국의 아버지들

1624년부터 약 100년 동안 많은 위그노가 신대륙 미국을 향해 항해했다. 이들은 식민지의 독립과 건국 과정에 혁혁한 공을 세웠다. 핍박을 피해, 신앙의 자유를 찾아 새로운 땅 영국의 식민지를 자신의 조국으로 삼은 위그노들은 미국 역사에서 가장 명망 있는 사람들의 조상이 되었다. 존 제이, 알렉산더 해밀턴, 피터 퍼네일, 삐에르 미뉴에뜨가 대표적이다.

존 제이는 미국 건국의 아버지 중 한 사람으로 미국 초대 연방대법원장, 2대 뉴욕 주지사를 역임했다. 미국 헌법의 초안 작성자로 참여하고, 1777년 미국 연방 대통령을 뽑는 대륙회의 의장으로 선출됐다. 미국 독립전쟁을 끝내기 위한 파리조약 체결에도 직접 참여했다. 그의 할아버지 오귀스트 제이는 프랑스 루이 14세가 1685년 낭트 칙령을 폐지하자 박해를 피해 미국 찰스턴으로 이주했다. 그는 상업에 종사하며 부를 쌓았다. 존 제이의 아버지 피터는 1704년 뉴욕에서 태어났다. 모피, 밀, 목재 등을 취급하는 성공한 무역업자였다. 그의 외조부 역시 뉴욕 의회에서 활동했고, 뉴욕 시장을 두 번이나 역임했다. 존 제이는 그 자신이 노예 소유자였지만 1799년 뉴욕주에서 노예제를 금지하는 법안에 직접 서명했다. 그는 1819년 미주리주를 노예주로 연방에 편입시키는 걸 반대하며 "노예제는 어떤 주에도 소개되거나 허용되지 말아야 한다"라고 강조했다.

알렉산더 해밀턴은 미국 초대 재무장관이자 미국 건국의 아버지 중 한 명으로 꼽힌다. 미국 헌법 제정에 공헌했다. 그는 스코틀랜드 출신의 아버지와 프랑스 위그노 어머니 사이에서 태어났다. 루이 14세의 낭트 칙령 폐지 후 할아버지 때부터 서인도로 건너와서 네비(Nevis) 섬에 정착했다. 어릴 적부터 비지니스와 글쓰기에 뛰어나 영재 소리를 들었다. 그는 지금의 프린스턴 대학의 전신인 뉴저지 칼리지에 진학했다. 나중에 미국과 유럽의 위그노 네트워크를 통해 역시 위그노의 후손이자 미국 대륙의회 의장을 지낸 엘리아스 부디놋과 알게 되었다. 미국 초대 대통령인 조지 워싱턴은 독립전쟁 때 알렉산더 해밀턴을 비롯해 위그노들을 참모로 기용했다.

그는 1787년, 뉴욕주의 대표로 미합중국을 그대로 유지하기엔 너무 빈약했던 연합규약을 어떻게 수정할 것인지에 대한 논의를 주도했다. 그는 강력하고 탄력 있는 중앙 정부를 제안했고, 이는 미국 헌법 작성과 통과에 큰 영향을 미쳤다. 그는 이후 토머스 제퍼슨과 대통령 자리를 놓고 경쟁하기도 했다. 현재의 민주-공화 양당 경쟁체제는 그때 시작된 것이다.

미국의 독립은 보스턴의 위그노 난민 피터 퍼네일의 집에서 결정되었다. 그래서 퍼네일 홀은 '자유의 요람'이라고 불린다. 퍼네일 홀은 무역상 퍼네일이 1742년 기증한 3층 벽돌 건물이다. 새뮤얼 애덤스 등이 독립의 필요성을 역설한 장소다. 이것은 자유가 미국 건국의 중요한 가치로 자리매김한 배경에 신앙과 양심의 자유를 지키기 위해서 저항하다가 고국을 떠나 아메리카 대륙의 디아스포라가 되었던 위그노가 있다는 생생한 증거다.

라로셀의 가브리엘 베르농은 1688년 7월 5일 돌핀이라는 이름의 배를 타고 보스턴에 도착했다. 그는 퐁텐블로 칙령에 따른 박해를 피해 아메리카로 왔다. 영국에서 온 또 다른 난민들과 만나 매사추세츠의 워체스트 카운티의 옥스포드에 위그노 공동체를 만들 계획을 구상했다. 하지만 옥스포드에 거주하던 위그노들이 원주민들의 공격으로 살해되자 결국 옥스퍼드 공동체 계획은 포기해야 했다.

프랑스 리앙코 출신의 아폴로 리부아르는 13세 때인 1714년 보스턴에 도착했다. 그는 거기서 금세공업자이자 화약 제조업자인 존 코니의 견습생이 되어 일했다. 리부아르는 미국 독립전쟁에서 미국의 승리에 커다란 공헌을 했다. 리부아르는 은세공이자 저명한 애국자인 폴 레비어의 아버지였다.

야곱 페리는 미국 독립을 위한 대륙 군을 위해 권총과 화약을 만들었다. 프랑스 출신의 이레네 듀퐁은 오늘날 유명한 듀퐁사의 설립자이자 회장이다. 저명한 화학자 앙투안 라부아지에게서 배운 화약 제조에 대한 전문지식을 가져왔다. 미국 독립전쟁을 위해 참전했던 많은 영국인, 프랑스인은 위그노를 조상으로 두고 있었다.

'위그노를 뿌리로'-조지 워싱턴, 토머스 제퍼슨…

미국의 많은 대통령 역시 위그노에 뿌리를 두고 있다. 1789년 미합중국의 초대 대통령이 된 조지 워싱턴은 명석한 판단력과 탁월한 지도력으로 열악한 상황에서 독립전쟁을 승리로 이끌었다. 그는 "전쟁에서도 으뜸, 평화에서도 으뜸, 그리고 그의 국민 마음속에서도 으뜸"(First in war, first in peace, and first in the hearts of his countrymen)이란 평가를 받는다. 미국 역사상 가장 위대한 대통령으로 미국 1달러 지폐에 그의 초상이 새겨져 있다. 외할머니가 위그노였던 워싱턴은 위그노 출신들을 참모로 적극적으로 기용했다. 캠프 참모였던 위그노 장 로랑은 당시 영국에 대항해 연합하고 있던 프랑스에 협력을 요청하는 책임을 맡았다.

1797년, 두 번에 걸친 임기가 끝났지만, 여전히 많은 사람은 조지 워싱턴에게 종신 대통령직에 머물러줄 것을 간청했다. 하지만 그는 단호히 거절했다. 자칫 미국 정치가 장기집권을 놓고 또다시 내전이 벌어질 수 있다고 봤기 때문이다. 그는 대통령직을 떠나면서 통일의 중요성을 강조한 유명한 '고별사'를 발표했다. 그의 고별사는 국가에 대한 그의 헌신과 사랑, 민주주의의 원칙과 자유의 가치를 강조했고, 이것은 미국의 역사와 정치 문화에 큰 영향을 끼쳤다. 그가 세운 두 번의 대통령 임기 전통은 지금까지도 이어지고 있다.

조지 워싱턴에 이어 3대 대통령 토머스 제퍼슨 역시 위그노와 밀접한 관련을 맺었다. 그의 조상은 웨일즈 출신이다. 이때문에 위그노 혹은 개혁신앙에 뿌리를 두고 있을 거라고 보는 이들이 많다. 그의 가족은 위그노 이민들로 가득한 버지니아에 정착했다. 제퍼슨은 어린 시절 스코틀랜드 출신의 목사 윌리엄 렉터에게 프랑스어를 배웠다. 후에는 수많은 위그노 친구들과 함께 아일랜드 출신의 위그노 제임스 모리가 가르치는 학교에 입학했다. 위그노 출신의 프랜시스 포키어 버지니아 주지사와는 어린 시절부터 친구였다. 모리 목사 밑에서 조기 교육을 받았다. 어린 시절부터 우정을 쌓았던 포키어 주지사는 영국은행의 책임자인 존 프랜시스 포키어 박사의 아들이었다. 그는 아버지의 영향으로 식민지에서 권력의 핵심에 있었다. 변호사, 의회 의원, 외교관으로서 그는 1776년 7월 4일 독립선언문의 기초위원이 되었다. 제퍼슨은 1800년, 제3대 대통령에 당선되었고 1804년 재선되었다. 철학은 물론 자연과학, 건축학, 농학에도 조예가 깊었다. 제퍼슨은 또한 약 1,000 ha 규모의 몬티첼로 농장을 소유한 대농이었다. 사람들에게 끼친 다방면의 영향으로 인해 그는 고향의 이름을 따서 '몬티첼로의 성인'으로 불리었다.

 그는 직접 갈고 닦은 건축학과 공학에 대한 전문지식을 바탕으로 자신의 저택과 버지니아 주립대학의 건물을 직접 디자인했다. 대부분의 삶을 공직으로 있으면서도 틈만 나면 농장에서 수백 명의 노예와 함께 담배 농사와 밀 농사를 지었다, 그 외에도 포도밭, 채소밭, 임야도 직접 가꾸었다. 해외의 다양한

식물과 작물, 정원을 도입하기 위해 주머니를 털고 땀을 쏟았다. 그는 과도한 중앙집권을 싫어하는 공화주의자였다. 연방주의를 반대하고 작은 정부를 지향했다. 이 때문에 그는 연방주의자였던 조지 워싱턴이나 알렉산더 해밀턴과는 늘 대척점에 서 있었다. 그가 창당한 민주공화당이 오늘날 미국 공화당의 뿌리다. 시민의 자유, 정교분리, 엄격한 헌법 해석을 지지했다. 산업경제보다는 농업경제가 미국의 특성에 맞는다는 지론을 폈고 이를 직접 실천하기도 했다. 대통령 재임 기간엔 서부 원정, 지중해 해적 소탕 등의 업적과 소수의견 존중, 종교·언론·출판의 자유를 확립했다는 평가를 받는다.

이 밖에도 존 아담스, 존 퀸시 아담스, 헨리 해리슨, 존 타일러, 밀라드 필모어, 프랭클린 피어스, 율리시스 그랜트, 제임스 가필드, 그로버 클리버랜드, 벤자민 해리슨, 테오도르 루즈벨트, 윌리엄 태프트, 캘빈 쿨리지, 허버트 후버, 프랭클린 루즈벨트, 해리 트루먼, 드와이트 아이젠하워, 린든 존슨, 리처드 닉슨, 제럴드 포드 같은 미국 대통령들이 위그노 후손들로 알려져 있다.

미국의 생태, 영화, 디자인계에 끼친 영향

　미국 시인, 생태주의 철학자이자 사상가 헨리 데이비드 소로우 역시 위그노의 후손이다. 그는 뉴욕의 스테튼 섬의 언덕에 '위그노, 그 첫 번째 거주자들'이란 글을 새겨 위그노에게 경의를 표했다. 소로의 아버지 장 소로는 미국에서 상인으로 재산을 모았다. 헨리 소로우는 전쟁과 노예제도를 비롯한 물질문명을 비판하고 싫어했다. 대신 자신이 직접 지은 오두막에서 생활하며 필요한 것들을 직접 재배했다. 노예제를 반대하며 인두세 납부를 거부해 감옥에 갇힌 적도 있다. 그는 평생 자연주의자로 살았지만 그렇다고 사회를 등진 것은 아니었다. 오히려 그 반대였다. 부자나 가난한 자, 동식물이나 야생동물 모두 도덕적 관심의 대상으로 한 울타리 안에 들어와야 한다고 믿었다. 그는 자연에서 사회를 발견했다.

　그의 조상은 1635년 프랑스에서 도망쳤던 위그노 가문이었다. 어머니 신시아는 자유주의 사상을 옹호하고 노예제를 반대했다. 소로 가문의 모든 여성이 반노예제 운동에 열렬히 참여했을 정도다. 노예제 폐지, 여성의 사회적·정치적 불평등 종식을 평생 염원하고 싸웠다. 소로는 '시민 정부'가 불의를 자행한다면 복종이 아니라 저항이 시민의 도덕적 의무라고 생각했다. 그의 사상은 마틴 루터 킹, 넬슨 만델라, 마하트마 간디 등 세계적인 위인들에게 영향을 미쳤다.

프레데릭 오귀스트 바르톨디는 프랑스 콜마 출신으로 위그노이자 조각가, 디자이너였다. 그가 제작한 최고의 작품이 지금도 뉴욕의 허드슨 강가에 세워져 있다. 바로 자유의 여신상이다. 그는 1871년 미국을 방문했다. 그는 미국 독립을 기념하기 위해 거대한 조각을 선물하기로 마음먹었다. 그리고 수년간의 모금과 작업 끝에 1886년에 자유의 여신상을 완성할 수 있었다. 미국을 상징하고 미국의 독립을 기념하는 뉴욕의 거대한 여신상은 위그노의 선물인 셈이다.

1924년, 미국 의회는 위그노, 왈룬, 뉴네덜란드의 종교 자유를 기념해 우표를 발간하고 축하하는 메시지를 발표했다. 이 메시지는 에펠탑 라디오를 통해 중계되었다.

미국 영화의 역사에 길이 남을 영화배우들도 위그노에 뿌리를 둔 이들이 수두룩하다. 미국 클래식 영화의 거장 험프리 보가트는 '카사블랑카', '맨발의 백작 부인'으로 영화 애호가들의 가슴에 길이 살아 있다. 그는 모든 시대를 통틀어 가장 위대한 배우로 평가받는다. 보가트의 부모 벨몬트와 마우드는 1898년 결혼했고 아버지는 장로교인, 어머니는 영국 감독교회 교인이었다. 어머니는 메이플라워 승객이었던 존 호울랜드의 자손이었다.

20세기 최고의 배우로 손꼽히는 말론 브란도는 1924년에 미국 네브라스카에서 태어났다. 아버지는 독일 출신, 어머니는 프랑스 위그노 후손이었다. 그의 증조할머니 마일 조셉 가한은 아일랜드 이민자 출신으로 미국 내전 때 간호병으로 복무했다. 브란도는 1995년 아일랜드 언론과의 인터뷰에서 "나는 한 번도 내가 있는 곳이 내 집이라고 느껴 본 적이 없다. 나는 아일랜드 이민을 심각하게 고려하고 있다"라고 말한 바 있다. 디아스포라의 삶을 살아야 했던 위그노의 내면을 솔직하게 고백한 것이라고 할 수 있다. 브란도는 코폴라 감독의 명작 '대부'와 '지옥의 묵시록', 베르톨루치 감독의 문제작 '파리에서의 마지막 탱고'에서 카리스마적인 연기로 전 세계인의 마음에 길이 남아 있다.

조지 클루니 역시 독일, 아일랜드 조상의 후손이다. 그의 어머니 쪽으로는 아브라함 링컨 대통령의 어머니 낸시 링컨이 있다. 그가 출연한 영화 작품은 언제나 '흥행작'이라는 꼬리표를 달고 다닌다. '오, 형제여 어디에 있는가?', '시리아나'를 통해 코믹과 사이코 등 특색 있는 연기로 주목을 받았다.

언제나 친숙하고 편안한 느낌의 배우 로버트 레드포드 역시 스코틀랜드 출신의 위그노 후손으로 알려져 있다. 고조할아버지 엘리사 레드포드가 맨체스터에 거주했고 1849년 뉴욕으로 이주해 왔다. 캘리포니아에서 태어난 그는 '스팅', '아웃 오브 아프리카' 등의 걸작으로 전 세계인의 마음을 사로잡았다. 영화배우이자 감독 겸 선댄스 필름 페스티벌의 설립자 중 한 사람이다.

8. 또 다른 위그노들

프랑스를 등진 위그노는 북해와 발트해 건너 스칸디나비아 반도, 그리고 러시아로까지 퍼져갔다. 심지어 네덜란드를 통해 아프리카 대륙 최남단 남아공에도 발을 디뎠다.

러시아 표트르 대제의 환대를 받다

러시아의 표트르 대제(1672~1725년)는 영토 확장과 서구화 정책을 통해 러시아를 제국으로 변모시켰다. 우수한 기술을 가진 프랑스의 위그노 난민들을 적극적으로 환영했다. 그는 칙령을 통해 고난받는 위그노들을 받아들였다. 그것은 양심과 종교에 대한 온전한 자유를 그들에게 약속하는 것과 더불어 태양왕 루이 14세에게 '톨레랑스'에 대한 가르침을 주기 위한 행동이기도 했다. 표트르 대제가 임명한 50명의 의사 가운데 13명이 프랑스 출신의 위그노였다. 그가 불모지 위에 건설한 새 수도 상트페테르부르크에도 위그노들이 몰려들었다. 이들은 이곳에 프랑스 개신교회를 건축했다. 그리고 프랑스 공동체들이 속속 생겨났다.

위그노는 주로 상트페테르부르크와 모스크바에 정착했다. 이들은 의료, 군사, 건축, 그림, 보석, 음악 분야 등에서 러시아의 발전에 이바지했다. 지금도 블랭크, 브릴로프(브룰로), 파베르제, 테레민과 같은 인명(人名)들이 소련 시대를 거치면서도 살아남아 위그노의 역사를 대변해주고 있다. 파베르제 집안은 프랑스 북부 피카르디 출신으로 러시아의 보석 공예에 기여했다. 이들은 1842년 러시아의 상트페테르부르크에서 보석 가게를 창업했고, 다양한 보석 공예품을 선보여 러시아는 물론 유럽에서 큰 명성을 얻었다.

바레, 쿨롱구, 파브레이, 틸로와 같은 다른 위그노 가문들은 러시아의 육군과 해군을 위한 장교들을 배출했다. 러시아 군대에서 근무하던 드 파빈 대령은 영국 식민지의 대변인이자 프랑스와의 군사협력을 주도하고 있던 벤저민 프랭클린에게 편지를 써 디아스포라 위그노들이 영국 식민지의 독립전쟁에 참전하고 싶다는 뜻을 전하기도 했다. 하지만 이 제안은 어떤 이유에서인지 받아들여지지 않았다. 그럼에도 많은 위그노가 미국의 독립전쟁에 참전해 미국의 독립과 건국에 기여했다.

스웨덴에 광물 채굴기술을 제공하다

유럽 북부 스칸디나비아에 터를 잡은 왕국들인 덴마크, 노르웨이, 스웨덴, 핀란드는 위그노들을 받아들이는 데 전혀 거부감이 없었다. 이들 나라에서는 위그노에 대한 차별도 없었다. 스웨덴은 17세기 초부터 위그노들의 정착을 허용했다. 이는 스웨덴의 경제적 필요에 따른 것이었다. 스웨덴은 철광석과 납 등 주요 광물 매장량이 세계 10위권 안에 드는 천연자원의 강국이다. 17세기 당시에도 광물 매장은 이미 알려져 있었지만, 문제는 광물을 채굴할 기술이 없었다는 것이다. 스웨덴 당국은 위그노들에게 이를 부탁했다.

당시 위그노 중엔 무기 제조의 전문가들도 있었는데, 루이 더 기어도 그중 한 사람이다. 그는 스웨덴에서 은행가이자 진정한 산업의 틀을 다진 사람으로 '스웨덴 산업의 아버지'로 평가받고 있다. 그는 벨기에 왈룬 지역 출신의 개신교인이었다. 그는 프랑스로 건너가 구리 세공을 배워 라로셸에서 첫 사업을 시작했다. 1611년 다시 네덜란드의 도르드레흐트로 돌아와 처남과 같이 사업을 했고, 이후 은행가, 산업자본가로 이름을 떨쳤다. 1615년, 가족들을 데리고 암스테르담으로 이주했다. 30년 전쟁 발발로 무기 수요가 엄청나게 늘어나자 기어는 스웨덴 왕 구스타부스 아돌푸스 왕에게 무기를 제공했다. 그러자 스웨덴 정부는 그에게 핀스팡이란 지역을 선사했고 기어는 거기서 산업단지를 열었다. 스웨덴 정부는 그를 계속 도왔고, 그는 스웨덴에서 구리와 철 무역을 독점했다. 엄격히 말해 그는 프랑스 출신의 위그노는 아니었으나 개신교의 신앙을 가지고 위그노의 영향을 받아 스웨덴을 산업국가로 탈바꿈시킨 주역이었다.

스웨덴은 루터교가 대세를 이루고 있었지만, 왈룬파를 비롯한 위그노 이민자들은 칼뱅 신앙을 실천했다. 그리고 점점 종교적 관용도 주어졌다. 스웨덴의 왕 찰스 11세는 낭트 칙령 폐지를 비난하면서 모든 위그노 장인들과 상인들을 돕겠다고 공표했다. 이에 따라 파리의 스웨덴 공사관 직원들은 이민자들이 프랑스를 떠나는 것을 도왔다. 1724년, 칼뱅주의자였던 헤센-카셀의 왕자 프레데릭 1세는 위그노들을 초청해 스웨덴에 거주할 수 있도록 했다. 1741년 8월 10일, 스웨덴의 왕은 칼뱅주의 개신교의 자유로운 예배를 허용했다. 1751년 스톡홀름엔 위그노를 위한 예배당도 만들어졌다. 위그노들의 커뮤니티도 생기면서 위그노들은 스웨덴에서 자유롭게 예배를 드리고 사업을 벌여나갈 수 있었다.

프랑스 태생 군인의 손자였던 마그뉴스 가브리엘 드 라 가흐디는 17세기 후반, 스웨덴 여왕 크리스티나의 신임을 얻었다. 그는 스웨덴 왕국의 가장 중요한 사람 중 하나가 되었다. 그는 스칸디나비아의 산업을 일으키기 위해 예술가들을 불러 모았다. 보석상 발렌틴 토틴, 직물업자 안드레 레페부어 등 수많은 사업가가 모였다. 그들 중 많은 이들은 위그노였다. 이들 중 상당수는 상업에 종사했다. 18세기 스웨덴의 가장 큰 무역업자들도 위그노들이었다.

18세기 유럽에서 프랑스어는 엘리트들의 언어였다. 낭트 칙령 폐지를 계기로 위그노들은 뿔뿔이 흩어졌지만, 자신들의 가족이나 개인 관계를 통해 런던-암스테르담-함부르크와 국제 연결망을 형성하고 있었다. 이는 국제 비지니스를 가능하게 했다. 더군다나 위그노들은 프랑스와도 연결망을 가지고 있었다. 따라서 위그노들은 프랑스와 북유럽을 연결해 무역을 통한 수익을 창출하기도 했다. 그들의 활동 영역은 점점 넓어져

갔다.

스톡홀름의 장 베도어와 함부르크의 삐에르 부는 위그노 디아스포라 중 대표적인 사업가들이다. 장 베도어는 생통 출신의 가발 제조업자로 1670년대에 스톡홀름에 도착했다. 장 베도어 주니어(1683~1753)는 아버지의 사업을 발전시켜 스톡홀름에서 첫 수출회사를 만들었다. 베도어는 스웨덴-프랑스 무역에서 몇 가지 분야로 사업을 특화했다. 놋쇠, 구리, 철 등 메탈과 목재, 타르 등 나무 제품을 수출하고, 소금과 와인은 수입했다. 베도어는 스웨덴 왕국의 주요 프로젝트에 대부분 참여하는 특권도 누렸다. 그만큼 당국의 신임을 얻고 있었다. 1739년엔 스웨덴 해양 보험사의 창립 멤버가 되었다. 그는 스웨덴 동인도회사(SEIC)와 동부 지중해 회사(Levant Company)에도 투자했다.

프레데릭 베도어, 스웨덴 산업의 길을 닦다

그의 아들 프레데릭 베도어는 처남인 헤라믄 페테르센과 협력해 스웨덴 왕국에서 가장 부유한 사람 중 하나가 되었다. 그는 프랑스와의 사업을 확장해갔다. 그의 회사는 철, 피치, 타르 등 스웨덴으로 들어오는 모든 제품의 독점 공급사였다. 이렇게 축적한 부를 녓쇠 제품과 설탕 정제와 관련한 대규모 국제무역에 투자했다. 금융 역시 그 회사의 또 다른 사업 분야였다. 그 수익 중 일부는 은행을 통해 가족과 칼뱅 공동체로 흘러갔다. 베도어는 점점 스톡홀름 무역계의 큰손이 되었다.

그의 사촌 샬롯타 베도어는 스톡홀름의 또 다른 거상이었던 장 앙리 레페부어와 결혼했다. 그는 아버지가 창업한 국제 비지니스 사업을 이어갔다. 22세가 되던 1730년, 그는 이미 스톡홀름의 유지가 되었다. 그는 철 수출업자의 지도자가 되었고, 용광로까지 만들어 직접 철을 생산하기도 했다.

레페부어는 무역협회의 일에도 활발하게 참여했다. 그는 스웨덴 동인도회사의 12개 주요 주식 보유자 중 한 사람이었다. 그 가족들은 무역업과 관련해 다양한 가족 지분을 보유하고 있었다. 그들은 1740~1750년까지 스톡홀름을 통한 수출 물량의 4분의 1을 차지할 정도였다. 장 베도어는 스톡홀름의 프랑스 개혁교회를 설립한 멤버 중 하나다.

피에르 부는 1700년 함부르크로 건너갔다. 그는 거기서 피난처를 얻었다. 피에르의 가족들은 진작 칼뱅주의의 영향을 받았고, 무역과 자본가 집안이었다. 그는 낭트 칙령 폐지 후 그곳에 피신해 와 있던 여동생 안네 마리, 삼촌 피에르와 조우

했다. 그는 암스테르담과 코펜하겐에서 무역과 관련한 지식과 경험을 축적하고 있었다. 함부르크에 도착하자마자 그는 프랑스-영국을 잇는 상인이자 선주, 재산가로 입지를 굳혀 갔다. 그는 한자동맹 도시의 가장 큰 조선소를 가족과 함께 관리했다. 1719~1723년엔 프랑스 동인도회사의 두 번째 함대의 주요 부분을 직접 제작해 공급하기도 했다. 피에르의 사후에도 그 회사는 함부르크 제일의 해양 보험사의 대주주가 되었다. 특히 피에르는 프랑스와 놀라운 관계를 유지했다. 그는 자신의 배를 제공하고 있었던 함부르크의 동인도회사의 연락책이었다. 1729년부터 그는 프랑스 보르도와 설탕을 거래했다. 이 보르도와의 관계는 스페인의 시장에서 거래할 수 있는 길을 열어 주었다. 이를 통해 그는 스페인 치하에 있던 아메리카에 캔버스와 타르 등의 물품을 수출했다.

피에르 부는 정직했고 공적 영역에서도 모든 이들의 신뢰를 얻었다. 1727년 '북유럽의 무역에 대한 회고'는 그를 이렇게 칭송했다. "나는 북유럽에서 그보다 더 스마트하고 정확하고 정직한 사람을 찾아볼 수 없을 거로 생각한다. 내가 아는 모든 상인 중에서 그는 가장 안전하고 가장 합리적인 사람이다."

덴마크는 17세기에 칼뱅의 교리를 위험한 이단으로 여겼다. 심지어 루터교 성직자들은 위그노 이민자들의 입국을 금지하기도 했다. 하지만 루이 14세의 낭트 칙령 폐지는 모든 것을 바꿔놓았다. 덴마크의 국왕 크리스티앙 5세는 낭트 칙령 폐지로 고난에 처한 위그노 난민들을 헌신적으로 받아줬다. 그리고 위그노들에게 자유롭게 예배드릴 수 있는 곳에다 위그노 예배당을 짓게 했다. 여기엔 조건이 붙었다. 덴마크 왕에 대한 충성과 자녀들을 루터교 교회에서 양육할 것을 맹세해야만 한다는 것이었다. 하지만 헤센-카셀 출신의 칼뱅주의 공주 샬롯떼 아멜리아를 통해 그 제안은 거두어졌다. 단지, 덴마크에서 태어난 자녀들만 루터교회에서 양육 받는 것으로 바뀌었다. 이와 동시에 여왕은 핍박받는 위그노들을 환영하기 위해 노력했다. 1688년 코펜하겐에는 예배당이 건설되었고 명망 있는 위그노 디아스포라들이 그곳에 와서 설교했다. 덴마크 왕의 소유였던 쉴레스윅-홀스타인 영지에는 위그노 공동체도 만들어졌다.

  덴마크에는 바젤 출신의 위그노 라인하드 이세린이 정착했다. 그는 비지니스를 통해 거부가 된 인물이다. 그는 수익금을 평생 프랑스 개혁교회와 학교, 고아원을 위해 기부했다. 프레데릭 더 코닉은 1740년 네덜란드의 헤이그에서 태어났다. 개신교인이었던 그는 암스테르담의 영국 무역사무소 직원이 되었다. 1763년 코펜하겐에 이민해서 덴마크에서 가장 큰 국제

무역회사를 만들었다.

노르웨이에서는 생 마틴 드 레 태생의 자크 뷔또가 베르겐으로 이주해 거기서 프랑스 포도주와 소금을 수입하는 회사를 차렸다. 몇 년 후, 1716년 프랑스 왕은 그를 노르웨이 항구의 프랑스 영사로 임명했다.

남아공을 포도주의 명품 생산지로 만들다

위그노들은 유럽을 거쳐 아프리카 대륙 최남단에까지 나아갔다. 하지만 그 과정은 목숨을 건 여정이었다. 1688년 4월 13일, 첫 프랑스 개신교 난민들이 케이프타운의 굿호프에 도착했다. 네덜란드에서 석 달 가까이 걸리는 항해를 하는 동안 수십 명이 죽어갔고, 그나마 생명을 유지한 채 도착한 사람들도 대부분 병으로 고생해야 했다. 이런 역경을 거쳐 1688~1689년 2년 동안 159명의 위그노가 새 개척지 남아공 케이프타운에 겨우 정착할 수 있었다. 1930년에 스탈렌보쉬에 세워진 위그노 도착 기념비에는 이렇게 새겨져 있다. "이곳은 맹수가 득실거리는 숲으로 덮인 골짜기였고, 야만적인 호텐토족이 사는 곳이었다. 하지만 위그노들은 이곳에 밀과 포도와 올리브를 심었다. 그리고 오늘날 수만 명의 후손이 그곳에 살고 있다."

위그노가 남아공까지 간 것은 사실 자의가 아닌 타의에 의해서였다. 당시 남아공을 식민지로 삼고 있던 네덜란드는 케이프타운의 인구가 점점 늘어나고, 정박하는 배의 숫자도 증가하자 식량, 농업, 사업의 필요성을 크게 느꼈다. 그렇게 해서 1685년 낭트 칙령 폐지로 네덜란드에 와 있던 위그노 난민들을 케이프타운으로 실어나른 것이다. 위그노 난민들에겐 농업이나 무역 또는 기타 사업은 일절 못하도록 현금만 들고 배를 타게 했다. 그리고 5년간 이곳의 발전에 이바지하면 땅과 자원을 배분해 주기로 약속했다. 이들 위그노는 주로 프랑스에서 포도주 재배 지역 출신들이었다. 라모떼, 프로방스, 라브리, 라꼬롱, 몽 로셸, 포이뚜. 라로셸, 오를레앙 등.

남아공에 포도주 산업을 도입한 이는 드 빌리에 가문이다. 이 가문의 세 형제는 1689년 시온호에 탑승해서 남아공에서 포도주 산업을 일으켰다. 이들 세 형제는 프랑스 라로셸 출신으로, 그들의 조상들은 그 이전 최소 100년 이상 라로셸에서 포도주 산업을 성공적으로 이끌었었다.

그들은 남아공에 도착해 케이프타운의 프랑스 서부 해안 도시의 이름을 딴 라로셸에서 공동생활을 하며 공동경작을 했다. 그들은 이후 스텔렌보쉬 인근의 프렌치후크(Franschhoek)

의 땅을 얻어 샴페인, 부르고뉴, 라브리로 명명했다. 이곳에서 생산되는 '유 레이즈 미 업(You Raise Me Up)'이라는 포도주는 포도주 애호가들에게 널리 알려졌다. 이들 형제는 프렌치후크의 샴페인에서 더 나아가 드워스 밸리의 농장도 취득했다. 이 포도주 산업은 19세기 초반 당시 영국이 통치하던 케이프타운에 경제적 위기가 닥쳤을 때 경제 안정으로 가는 보호관 역할을 하기도 했다. 품질 개선, 관세 정책 등의 영향으로 1814~1825년 사이 남아공의 와인은 영국에서 폭발적인 수입과 수요를 창출했다.

브라질 리우데자네이루의 순교자들

16세기 중반, 프랑스 서부 지역 대서양 접경의 르아브르, 디에프, 옹플뢰르는 '노르망디의 제네바'라고 불릴 만큼 종교개혁 신앙을 받아들인 위그노 지역이었다. 1555년 11월 15일에 해군 제독 콜리니는 신대륙 남반구에 프랑스를 확장할 계획을 세우고 말트 수도회의 기사로서 위그노 신앙에 호의적인 입장을 가진 빌가뇽과 노르망디 지역의 사람들을 보냈다. 그들은 브라질의 구아나바라에 도착해서 포르투갈인보다 먼저 식민지를 개척했다. 이곳이 오늘날의 리우데자네이루다. 콜리니는 이 새로운 도시를 개혁신앙으로 세워달라고 제네바의 칼뱅에게 도움을 청했고, 칼뱅은 이듬해에 14명의 종교개혁 신앙인과 다수의 장인, 2명의 목사를 브라질로 보냈다. 이들은 프랑스와 제네바 개혁교회가 파송한 최초의 선교사들이라고 할 만하다. 그들이 출항한 항구가 옹플뢰르다.

그러나 식민지에서도 가톨릭과 개신교의 갈등과 긴장은 계속되었다. 1557년 오순절 주일에 빌가뇽이 성만찬을 무릎 꿇고 받자, 개신교도들이 "당신은 여전히 가톨릭인가?"라고 비난했고, 프랑스 당국이 그가 개신교도들과 친분을 계속 유지한다면 본국으로 소환하겠고 통보하자 결국 그는 가톨릭으로 돌아가고 말았다. 그때부터 이 도시에서는 가톨릭 미사가 주가 되고 개신교도들은 밤에 몰래 예배를 드리는 지경이 되었다. 빌가뇽은 위그노들을 가두고 가톨릭으로 개종하라고 명령했고 거부하는 자들을 처형했다. 끝까지 개종을 거부하고 물속에 담가서 죽이는 형벌인 수장을 당한 위그노 장인 중에는 목공 피에르 부르동, 칼 제조 전문가 장 뒤 보르델, 가구 제작 전문가 마티유 베르뇌이가 있다. 이들의 순교 이야기는 장 그래스팽의 '순교자 열전'에 기록되었다. 이 지역은 결국 포르투갈에 의해 점령되었다.

이처럼 위그노들은 개혁신앙을 가졌다는 이유로 박해를 받고 자신의 나라를 떠나 이곳저곳을 떠도는 나그네의 삶을 살았다. 하지만 하나님은 디아스포라가 된 위그노를 통해서 세상을 바꾸는 일을 진행하셨다. 그들은 가는 곳마다 개혁신앙을 전파했고 교회를 세웠다. 그리고 새로운 지식과 발전된 기술을 전해서 자신들을 받아 준 사회와 국가에 도움을 주었다. 그들은 새로운 시대를 여는 역사의 주인공이 되었다.

　위그노를 통해서 유럽과 세계의 역사가 바뀌었다. 그들은 새로운 역사의 페이지를 넘기는 주인공이 되었다. 그들을 박해하고 내쫓아버린 프랑스는 쇠락의 길로 접어들었다. 위그노의 국외 유출은 프랑스의 지식과 기술, 인력과 문화의 유출이 되었고 그 결과 프랑스대혁명이라는 뼈아픈 시간을 맞이해야만 했다. 반면에 그들을 받아들이고 협조한 나라와 도시는 놀라운 축복의 세례를 받았다. 디아스포라 위그노의 역사는 아브라함에게 하신 디아스포라 언약이 성취되는 현장이다. 디아스포라 위그노는 세상을 새롭게 하시려는 하나님의 영원한 계획이다.

에필로그

우리나라에 온 선교사 중에 위그노는 없다. 존 로스, 토머스, 언더우드 등 스코틀랜드, 영국, 미국에서 온 선교사들이 있지만, 이들이 위그노 출신은 아니다. 그들은 자신들의 신학과 신앙을 따라 한국에 들어와 복음의 씨를 뿌렸다. 세계 교회에서 한국은 이례적으로 장로교회가 크게 부흥한 경우다. 하지만 장로교회만 아니라 한국의 개신교회 대부분은 영국에서 시작되어 미국에서 만개했던 청교도 신앙의 영향을 받았다. 그런데 장로교회는 말할 것도 없고 영국에서 시작된 청교도 운동도 그 신앙의 뿌리를 더듬어

올라가면 제네바의 종교개혁자 장 칼뱅과 프랑스의 위그노를 만나게 된다. 장로교회와 청교도 신앙을 기반으로 하는 미국 교회와 선교사들로부터 영향을 받은 한국 개신교회는 직간접적으로 위그노의 신앙과 신학에 뿌리를 두고 있다. 그런 면에서 한국교회와 성도들은 위그노의 영적 후손이라고 할 수 있다. 우리가 바로 이 시대의 위그노이다.

위그노의 저항 정신은 한국교회의 성장과 함께 일본 강점기에는 항일 독립운동으로, 이후에는 산업화와 민주화, 또 평화와 통일운동에 직간접적인 영향을 끼쳐왔다. 한국교회 역사에는 위그노의 정신이 면면히 흐르고 있다. 위그노가 성경에 근거한 복음을 붙들고 예배에 생명을 걸었던 모습은 한국교회에서 재현되었고 그것이 한국교회 부흥의 원동력이 되었다. 지금도 우리가 이런 위그노의 정신을 붙들고 위그노처럼 믿고 위그노처럼 살아간다면 한국교회는 다시 한번 부흥을 경험하게 될 것이다.

프랑스 남부의 세벤느 지역은 산들이 병풍처럼 둘러싸여서 천연의 요새와도 같은 곳이다. 위그노의 '광야교회'가 오랜 시간 신앙을 지켜낸 곳이다. 그곳에서 위그노 후손들이 매년 광야예배를 드리고 있다. 1911년 9월 24일에 시작된 이 예배는 매년 9월 첫째 주일에 프랑스 내의 성도와 세계 곳곳에 흩어진 디아스포라 위그노의 후예들이 모인 가운데 드려지고 있다. 세계 1·2차 대전 시기를 제외하고 매년 1만~1만 5,000명이 모이고 있다. 이들은 매년 다양한 주제를 선정해서 예배를 드린다. 가령, 성 바돌로매 축일 대학살 사건 500주년인 2023년에는 '이 사건이 오늘날 우리에게 주는 의미가 무엇인가'를 주제로 예배를 드렸다. 그들은 과거의 역사를 기억하는 것에 머물지 않고 자신들이 위그노의 후손으로서 어떤 삶을 살아야 하는지, 어떤 교회가 되어야 하는지를 숙고하고 결심했다.

2018년, 나는 한불선교협정의 프로그램 중 하나로 30명의 한불목회자와 신학자가 모이는 한불목회자포럼을 세벤느의 앙뒤즈에서 개최했다. 포럼을 마친 뒤, 우리는 위그노 후손들이 모이는 광야예배에 참석했다. 그들의 배려로 우리는 성만찬을 집례하는 위원이 되었다. 광야예배가 시작된 이후 최초로 외국인 목사들이 성찬 집례위원으로 참여한 것이다. 500년 전에 프랑스 땅에서 시작된 위그노 신앙, 개혁교회 신앙이 21세기에 동방의 고요한 나라 대한민국에서 꽃봉오리가 되어 자신의 뿌리와 다시 만나는 역사적인 순간이었다. 이 과거와 현재의 만남은 그들에게는 자신들의 교회 역사에 대한 자부심과 위로를, 우리에게는 미래의 꿈과 비전을 주었다.

이 일을 계기로 나는 역사 개론서인 『위그노처럼-위그노에게 배우는 10가지 교훈』과 한 달 묵상집인 『위그노처럼』을 썼고, '유럽 위그노 연구원'을 프랑스에 등록하고 개원했다. 위그노의 숭고한 개혁신앙과 그들의 저항의 역사를 통해서 침체의 길에 들어선 한국교회와 성도들이 새롭게 되어 새로운 부흥의 시대를 맞이하기를 기대하면서 말이다. 그리고 글로벌 디아스포라 시대에 21세기의 위그노인 우리 코리안 디아스포라 그리스도인을 통해서 행하실 하나님의 역사를 기대하며, 유럽과 세계의 역사에 이바지하며 근대사회를 여는 데 한 축을 담당했던 디아스포라 위그노들의 위대한 행적을 소개하기 위해서 이 책을 썼다.

아브라함에게 디아스포라로의 부르심과 언약을 주시고 이뤄가시는 하나님의 역사가 21세기의 위그노로 부르신 코리안 디아스포라 그리스도인을 통해서 펼쳐지기를 기도하고 소망한다.

"우리가 21세기 위그노다. 위그노처럼 믿고 위그노처럼 살자."

부록

낭트 칙령

하나님의 은총으로 프랑스와 나바르의 왕 앙리는 이 선물을 받는 모든 이들에게 다음과 같이 인사합니다.

1. 하나님께서 우리에게 베풀어 주신 무한한 은혜중에서 가장 눈에 띄고 귀한 것은 우리가 이 왕국에 오면서 겪었던 무서운 무질서와 어려움을 견디는 힘과 능력을 우리에게 주신 것입니다. 왕국은 너무 찢어졌습니다. 모든 정당 중에서 가장 정당한 정당의 수가 가장 적었던 무수한 파벌과 종파. 하나님은 우리에게 이 폭풍을 이겨내는 힘을 주셨습니다. 우리는 마침내 파도를 극복하고 안전한 항구, 즉 왕국의 평화를 만들었습니다. 이는 그의 모든 영광이요, 선한 일에 우리를 도구로 사용하시는 그의 은혜를 우리가 자유롭게 인정하기 위한 것입니다. 우리는 하나님의 선하심으로부터 그분이 처음부터 지금까지 이 왕국에 허락하신 것과 동일한 보호와 은총을 간청하고 기다립니다.

2. 우리는 이 영속적이고 취소할 수 없는 칙령에 따라 수립했었고 선포했었던 것을 다시 수립하고 선포하는 바입니다.

3. 첫째, 1585년 3월부터 우리가 왕위에 오르는 사이에, 그리고 이전의 모든 고난의 기간에 일방적으로 행해진 모든 일의 기억이 마치 그런 일이 없었던 것처럼 지워지고 잊혀진 채로 남아 있습니다.

4. 셋째, 우리는 가톨릭 사도와 로마 종교가 평화롭게 유지될 수 있도록 우리 왕국과 우리의 지배를 받는 국가의 모든 장소와 지역에서 어떠한 어려움이나 방해 없이 복원되고 재건될 것을 명합니다. 모든 사람이 신분, 자질 또는 조건과 관계없이 신성한 봉사를 거행하거나 십일조를 즐기거나 모으는 것, 열매, 수익, 그들에게 속한 기타 모든 권리와 의무를 행하는 데 있어서 교회를 괴롭히거나 방해하는 것을 명백히 금지합니다. 아울러 환난 중에 점유했던 교회나 상기 교회에 속한 주택, 물품 또는 수입은 박탈당하기 전에 가졌던 이들에게 양도되어야 합니다. 권리, 자유 및 보증과 함께 그들이 완전히 소유하고 평화롭게 향유

되어야 합니다.

5. 우리 시민들 사이에 문제나 차이가 생길 여지를 남기지 않기 위해, 우리는 개혁파라고 하는 상기 종교를 믿는 사람들이 우리 왕국과 이 나라의 모든 도시와 장소에 거주하도록 허락합니다. 그들은 양심에 그들의 어긋나는 종교 문제에 대해 짜증을 내거나 괴롭힘을 당하거나 어떤 일을 하도록 강요당하지 않아야 합니다. 그들이 우리의 현재 칙령에 포함된 것에 따라 처신한다는 조건으로 말입니다.

6. 모든 영주, 신사, 그리고 개혁파라고 불리는 상기 종교를 고백하는 다른 사람들은 그들의 재판관을 임명하고 그들의 가정에서 상기 종교를 행사할 수 있습니다.

7. 우리는 또한 앞서 언급한 종교를 믿는 사람들이 반대되는 모든 법령과 판결에도 불구하고 1597년부터 1597년 말까지 여러 번 공개적으로 향유한 우리 영토의 모든 마을과 장소에서 같은 종교를 만들고 계속하는 것을 허용합니다.

8. 우리는 현재 칙령에 따라 허용되고 부여된 이외의 장소에

서 목회, 규정, 규율 또는 어린이에 대한 공개 교육과 관련하여 언급한 종교를 믿는 모든 사람의 행사를 명시적으로 금지합니다.

9. 또한 우리 궁정이나 후계자, 산 너머의 우리 땅과 영토, 우리 도시 파리에서 상기 종교의 기능을 수행하는 것도 금지합니다.

10. 우리는 또한 우리의 모든 신민이 천주교에서 세례를 받거나 견진성사를 받게 하려고 그 종교의 자녀인 부모의 뜻에 반하여 어떤 자질과 조건과 관계없이 강압이나 설득하는 것을 금지합니다. 특별히 가혹한 형벌을 받는 형벌에 따라 개혁파라고 불리는 상기 종교에 속한 자들에게도 같은 것이 금지됩니다.

11. 개혁파라 불리는 상기 종교에 관한 서적은 해당 종교의 공공 행사가 허용되는 도시와 장소를 제외하고는 인쇄되거나 공개적으로 판매될 수 없습니다.

12. 우리는 대학, 단과 대학, 학교에서 교육을 받는 학생을

받는 데 있어서 상기 종교와 관련하여 차별이나 차이가 없어야 한다고 규정합니다. 병자와 가난한 자를 병원, 피정, 공적 자선 단체에 수용하는 데도 차별이나 차이가 있어선 안 됩니다.

1598년 4월 13일 프랑스와 나바르의 왕 앙리

부록

Louis par la grace de Dieu Roy de France
et de Navarre. A tous presens et avenir salut. Le Roy
Henry le grand n're ayant de glorieuse memoire voulant aupres ses
que la paix qu'il auoit procurée à ses subjets, apres les grandes ex
tremités qu'ils auoient souffert par la durée dix guerres ciuiles
et estrangeres, ne fust troublée à l'occasion de la Religion pretendue
reformée, comme il estoit arriué sous les regnes des Roys ses
predecesseurs; auroit par son Edit donné à Nantes au mois
d'Auril mil cinq cens quatre vingts dix huict, reglé la conduite
qui deuoit estre tenue à l'egard de ceux de lad. religion, les lieux
dans lesquels ils en pourroient faire l'exercice, establi des
juges extraordinaires pour leur administrer la justice, et enfin pourueu
mesme par des articles particuliers à tout ce qu'il auroit jugé
necessaire pour maintenir la tranquilité dans son Royaume,
et pour diminuer l'aduersion qui estoit entre ceux de l'vne et
l'autre religion, afin de estre plus en estat de trauailler comme
il auoit resolu de faire, à reunir à l'Eglise ceux qui s'en estoient
si facilement esloignés; la continuation du Roy nostre s'd.
ayant peu estre effectuée à cause de sa mort precipitée, et que
l'execution dud. Edit fust mesme interrompue pendant la minorité
du feu Roy n're tres honoré Seigneur et pere de glorieuse

퐁텐블로 칙령

하나님의 은총으로 프랑스와 나바르의 왕인 루이는 현재와 미래의 모든 이에게 문안합니다.

우리의 영광스러운 기억의 조부인 앙리 대왕은 국내외 전쟁에서 참혹한 손실을 본 백성들을 위해 마련한 평화가 '개혁파라고 불리는 종교' 왕들의 치세에 일어났던 것처럼, 그의 전임자들은 1598년 4월 낭트에서 승인된 그의 칙령에 따라 종교와 그들이 공적 예배를 위해 모일 수 있는 장소, 그들에 대한 정의를 집행하기 위해 특별 재판관을 임명했으며, 더 나아가 그의 왕국의 평온을 유지하고 상호 간의 관계를 약화하는 데 필요하다고 생각할 수 있는 모든 것에 관해 특별한 조항을 제공했습니다. 이는 두 종교의 신도들 사이의 혐오감, 그렇게 가볍게 교회에서 탈퇴한 사람들을 교회로 재결합시키기 위해 그가 하기로 한 대로 더 나은 위치에 자신을 두기 위한 것입니다.

우리 조부 왕의 의도가 그의 갑작스러운 죽음으로 좌절되고, 우리의 가장 존경하는 영주이자 영광스러운 기억의 아버지인 선왕의 짧은 기간 동안 언급된 칙령의 집행이 중단됨에 따라, 상기 칙령에 따라 그들에게 부여된 다양한 혜택을 박탈당하는 이유를 제공한 상기 '개혁파라고 불리는 종교' 지지자가 일부임에도 불구하고 우리의 돌아가신 영주이자 아버지인 왕은 평소 관대함을 행사하여 1629년 7월 님에서 그들에게 또 다른 칙령을 내렸습니다. 그는 우리의 할아버지인 왕과 같은 종교에 대한 열정과 정신으로 그의 경건한 계획을 실행에 옮기기 위해 이 안식을 이용하기로 했던 것입니다.

마침내 하나님께서 우리 민족이 완전한 평화를 누리도록 허락하셨으므로 우리는 더는 적으로부터 그들을 보호하는 데 몰두하지 않고 이 휴전으로 이익을 얻을 수 있으며, 우리가 왕위 계승 이후 지속해서 우리 앞에 지켜온 할아버지와 아버지가 계획하신 우리의 모든 관심을 성취의 수단에 바칠 수 있습니다.

그리고 이제 우리는 하나님의 도움에 대한 감사의 인정과 함께 우리의 노력이 제안된 목적에 도달했음을 인식합니다. 이는 앞서 말한 '개혁파라고 불리는 종교'의 상당수가 가톨릭 신앙을 받아들였기 때문입니다. 그리고 이 사실에 의해 낭트 칙령과 상기 '개혁파라고 불리는 종교'에 찬성하여 제정된 모든 것의 집행이 부적절하게 되었기 때문에, 우리는 이 거짓 종교의 진보가 이 왕국에서 야기한 문제, 즉 혼란, 악, 그리고 상기 칙령과 이전과 이후의 많은 칙령과 선언에 대한 기회를 제공한 것에 대한 기억을 삭제하는 것, 그리고 상기 낭트 칙령을 완전히 폐지하는 것보다 더 나은 게 없다는 판단을 내렸습니다.

이러한 이유와 다른 이유로 우리는 우리의 확실한 지식, 전권, 왕권으로 인해 현재의 영구적이고 취소할 수 없는 칙령에 따라 이 칙령을 억압했고 철회했으며 지금도 억압하고 철회하고 있습니다. 우리의 할아버지는 1598년 4월 낭트에서 그 전체 범위와 그다음 5월에 합의된 특정 조항 및 같은 날짜에 발행된 특허 문서와 함께 제공했습니다. 그리고 또한 1629년 7월 님에서 주어진 칙령, 우리는 '개혁파라고 불리는 종교'의 상기 인물들을 위해 다른 칙령, 선언 및 명령뿐만 아니라 다른 칙령, 선언 및 명령에 따라 만들어진 성격이 무엇이든 모든 양보와 함께 무효임을 선언합니다. 마치 그 칙령이 허락을 받은 적이 없는 것처럼 우리는 결과적으로 우리는 그것을 원하고 그것이 우리의 기쁨입니다.

우리는 우리 의회의 결정에 따라 '개혁파라고 불리는 종교'의 수행자들이 어떤 구실이든 어떤 구실로든, 심지어 실제 행사나 보석금을 위해서라도 어떤 장소나 개인 주택에서 상기 종교 행사를 위해 더는 만나는 것을 금지합니다.

마찬가지로 우리는 모든 귀족이 어떤 조건에서든 그들의 집이나 영지에서 그러한 종교 행사를 하는 것을 금지합니다. 이러한 행사에 참여하는 모든 신민들은 처벌, 투옥 및 몰수를 받게 됩니다.

우리는 가톨릭, 사도, 로마 종교를 받아들이고 개종하지 않기로 선택한 '개혁파라고 불리는 종교'의 모든 목사들에게 현재 칙령이 공포된 후 2주 이내에 우리 왕국과 우리에게 속해 있는 영토를 떠날 것을 명령합니다. 그 기간 이후에 이곳에 거주하거나 상기 2주 이후에 설교, 권면 또는 기타 기능에 종사하는 자는 갤리선으로 보내지는 고통을 감수해야 합니다.

앞서 언급한 목사들이 개종한다면 계속해서 영속적인 삶을 누리고, 그들의 과부는 나중에 죽겠지만, 그들은 그들이 누렸던 것과 동일한 크기의 혜택, 전쟁 면제를 실제로 누리게 될 것입니다. 그들이 사역을 수행하는 동안 우리는 보조 사역자들에게도 영생을 누리도록 요청할 것입니다. 그들은 목사로서 받은 봉급보다 1/3이 더 많은 연금을 받게 될 것입니다.

앞서 언급한 목사 중 누구라도 변호사가 되거나 법학 박사 학위를 받기를 원하는 경우, 그들은 우리의 선언에 규정된 3년의 학업을 면제받게 될 것입니다. 일반 시험을 치르고 유능한 것으로 간주되는 이들은 각 대학에서 이러한 목적을 위해 우리가 인식하는 데 익숙한 권리의 절반만 지불하면 박사 학위를 받습니다.

우리는 상기 '개혁파라고 불리는 종교'의 어린이 교육을 위한 사립학교와 일반적으로 상기 종교에 유리한 모든 종류의 양보로 간주될 수 있는 모든 것을 금지합니다.

앞서 말한 '개혁파라고 불리는 종교'의 사람들에게서 태어난 아이들은 이제부터 본당 사제들에게 세례를 받기를 바랍니다. 우리는 상황에 따라 500리브르의 벌금을 부과하고 그 목적을 위해 그들을 교회에 보낼 것을 부모들에게 명합니다. 그 후 아이들은 가톨릭, 사도, 로마 종교로 양육될 것이며, 우리는 지역 행정관들에게 그렇게 하라고 명시적으로 명합니다.

우리의 현재 칙령이 발표되기 전에 우리의 왕국, 땅, 우리에게 종속된 영토에서 이주한 상기 '개혁파라고 불리는 종교'의 사람들이 돌아올 경우, 우리는 기쁘게 사면을 행사할 것입니다. 공표일로부터 4개월 이내에 그들은 다시 그들의 재산을 점유하고 마치 그들이 그곳에 계속 머물렀던 것처럼 그것을 합법적으로 향유할 수 있습니다. 4개월의 특정 기간 동안 우리 왕국, 토지 및 영토로 돌아오지 못한 사람들이 포기한 재산은 우리가 지난 8월 20일 선언한 결과 대로 몰수됩니다.

우리는 상기 '개혁파라고 불리는 종교'의 모든 주체와 그들의 아내 및 자녀에게 우리에게 속해 있는 우리 왕국, 땅, 영토를 떠나거나 처벌을 받고 그들의 상품과 소지품을 운반하는 것을 가장 명시적으로 금지합니다. 위반할 경우 남성은 갤리선으로 보내지며, 여성은 투옥되고 재산은 몰수당합니다.

이 선언이 그 형식과 취지에 따라 실행되는 것이 우리의 의지와 의도입니다.

나머지에 관해서는 '개혁파라고 불리는 종교'의 상기 사람들에게 자유가 부여되며 신이 그들과 다른 사람들을 계몽하여 우리 왕국의 도시와 장소, 우리에게 복종하는 땅과 영토에 머물도록 허락하는 시간이 될 때까지 허용됩니다. 그리고 그곳에서 상기 '개혁파라고 불리는 종교'로 인해 괴롭힘이나 방해를 받지 않고, 상기 종교 행사에 참여하지 않거나 기도나 종교 활동을 구실로 모임을 하지 않고 상업을 계속하고 소유물을 누릴 수 있습니다. 예배는 성격이 무엇이든 위에서 언급한 구금 및 몰수 처벌에 따라야 합니다.

은총의 해 1685년, 재위 제43년 10월에 퐁텐블로에서 주어진 것입니다.

1685년 10월 22일 프랑스와 나바르의 왕 루이

위그노 관련 주요 연표

1337-1453	영국-프랑스 100년 전쟁
1348	흑사병
1382	위클리프, 라틴어 성경을 영어로 번역
1450	구텐베르크, 금속활자 이용 책 출판
1453	오스만투르크, 콘스탄티노플 함락
1483	마르틴 루터 탄생
1494	프랑스, 이탈리아 침략
1509	장 칼뱅 탄생
1515-1547	프랑수아 1세 재위
1517	루터, 95개조의 반박문 발표
1519	츠빙글리, 취리히에서 첫 칼뱅주의 설교
1520	가톨릭교회, 루터를 이단으로 파문
1523	르페브르, 프랑스어판 신약성경 번역
1523	장 발리에르(Jean Vallière), 프랑스 최초 프로테스탄트 순교자
1525	프랑수아 1세, 파비아 전투에서 이탈리아에 패배
1525	레클렉이 순교
1526	마드리드 조약(프랑스가 밀라노, 플랑드르를 포기한다는 내용)
1533	칼뱅, 프랑스 탈출

1534	파리에 예수회 설립, 영국 헨리 8세 수장령 발표 (영국 성공회 설립)
1534.10.17	벽보사건(프랑스 파리 시내 곳곳에 교황주의를 비난하는 벽보가 나붙자 이를 빌미로 가톨릭이 수많은 개신교인들을 학살)
1536	칼뱅, '기독교강요' 출판
1541	칼뱅 '기독교강요' 프랑스어판 출판
1546	마르틴 루터 사망
1546	르페브르가 활동하던 모(Meaux) 지역에 최초의 개신교회 설립
1555	아우크스부르크 종교회의(신성로마제국의 신민들은 종교적 이유로 다른 신민들과 전쟁을 벌여서는 안 된다는 내용)
1559.5.25-29	프랑스 개혁교회 총회 개최
1561.9	가톨릭-위그노 화해 위한 푸아시 회담 개최
1562.1.	생제르맹 칙령(샤를 9세의 섭정 메디치의 위그노에 대한 관용을 담은 내용)
1562.3.1	바시의 학살
1562~1598	위그노 전쟁
1564	장 칼뱅 사망
1572.8.24	성 바돌로매 축일 대학살

1589.8	나바르의 앙리, 프랑스 왕 앙리 4세로 등극
1590	노르망디 이브리 전투(앙리 4세가 가톨릭 동맹에 맞서 승리)
1593.7.25.	앙리 4세, 가톨릭으로 개종
1598.4.13	낭트 칙령
1600	우주의 무한성을 주장한 조르다노 브루노가 이단으로 화형
1610	앙리 4세 사망
1618-1648	30년 전쟁
1620.9.6-11.11	메이플라워호 영국-미국 매사추세츠 도착
1626.10.28	라로셀 요새 함락
1642-1651	청교도혁명(영국 내전)
1643	루이 14세 즉위
1648	베스트팔렌 조약
1648-1653	프롱드의 난
1649	영국 찰스 1세 처형, 크롬웰이 공화정 시작
1654.4	웨스트민스터 조약(크롬웰과 네덜란드 사이의 평화조약)
1670	위그노, 공무직에서 배제
1672	잉글랜드 찰스 2세-프랑스 루이 14세, 네덜란드 침공 (3차 영란전쟁)
1678	프랑스-네덜란드 전쟁 종식

1684	영국 제임스 2세 '신교 자유령' 선포
1685	제임스 2세, 잉글랜드 왕 즉위(친 가톨릭 정책)
1685.4.12	카셀 칙령(칼이 자신의 영토에 위그노 정착 허용)
1685.10.18.	루이 14세, 퐁텐블로 칙령(낭트 칙령 철회)
1685.11.8	프로이센의 프리드리히 빌헬름, 포츠담 칙령 서명
1688	네덜란드 윌리엄 3세가 제임스 2세를 몰아내고 아내 메리 2세와 함께 영국의 공동 국왕 즉위
1688-1697	9년 전쟁
1689.12	영국 '권리장전' 제정
1698.5	영국(윌리엄 3세), 관용법 통과
1699.2.4	베를린과 브란덴부르크, 위그노들을 위한 후원 요청
1707	영국 성공회 설립
1713	위트레흐트 조약
1775-1783	미국 독립전쟁
1783.9.3	파리협정(미국 독립 승인)
1787.11.29	베르사유 칙령(관용 칙령) 선포
1789	프랑스대혁명 '종교 자유' 선포

우리가 위그노다

초판 1쇄 _ 2024년 9월 5일

지 은 이 _ 성원용
펴 낸 이 _ 이태형
펴 낸 곳 _ 국민북스
편　　 집 _ 김태현
디 자 인 _ 서재형

등록번호 _ 제406-2015-000064호
등록일자 _ 2015년 4월 30일

주　　 소 _ 경기도 파주시 탄현면 헤이리마을길 93-75, 헤이리더스텝 A동 211호
전　　 화 _ 031-943-0701
팩　　 스 _ 031-942-0701
이 메 일 _ kirok21@naver.com
ISBN 979-11-88125-55-5 (03230)